DISCLAIMER

The author and publisher are providing this book and its contents on an "as is" basis and make no representations or warranties of any kind with respect to this book or its contents. The author and publisher disclaim all such representations and warranties, including but not limited to warranties of merchantability. In addition, the author and publisher do not represent or warrant that the information accessible via this book is accurate, complete, or current.

Except as specifically stated in this book, neither the author nor publisher, nor any authors, contributors, or other representatives will be liable for damages arising out of or in connection with the use of this book. This is a comprehensive limitation of liability that applies to all damages of any kind, including (without limitation) compensatory; direct, indirect, or consequential damages; loss of data, income, or profit; loss of or damage to property; and claims of third parties.

This Book Offers Free Bonus Puzzles

Available Here:

BestActivityBooks.com/WSBONUS20

5 TIPS TO START!

1) HOW TO SOLVE

The Puzzles are in a Classic Format:

- Words are hidden without breaks (no spaces, dashes, ...)
- Orientation: Forward & Backward, Up & Down or in Diagonal (can be in both directions)
- Words can overlap or cross each other

2) LEVEL UP THE GAME!

A space is provided next to each word to write new ones, translations or notes. We also offer a convenient **NOTEBOOK** at the end of this edition. It can help you organize your annotations, new words and/or observations.

3) TAG YOUR WORDS

Have you tried using a tag system? For example, you could mark the words which have been difficult to find with a cross, the ones you loved with a star, new words with a triangle, rare words with a diamond and so on...

4) EASY TO CUT!

The Puzzles come with an Extra Large margin to easily cut the page out of the book. Some people may feel it more convenient to solve them this way.

5) FINISHED?

Go to the bonus section: **MONSTER CHALLENGE** to find a free game offered at the end of this edition!

Want **more fun** and activities to **relax? It's Fast and Simple!** An entire Game Book Collection **just one click away!**

Find your next challenge at:

BestActivityBooks.com/MyNextWordSearch

Ready, Set... Go!

Did you know there are around 7,000 different languages in the world? Words are precious.

We love languages and have been working hard to make the highest quality books for you. Our ingredients?

One part easy-to-read print, three parts entertainment, then we add some challenging words and a pinch of rare ones. We brew them with care to serve you lots of fun and an opportunity to solve the best puzzles.

Your feedback is essential. You can be an active participant in the success of this book by leaving us a review. Tell us what you liked most in this edition!

Here is a short link which will take you to your Amazon orders review page.

BestBooksActivity.com/Review50

Thanks for your fidelity and enjoy the Game!

Delta Classics Team

Puzzle 1

```
F  M  I  L  S  E  Á  I  N  S  L  T  A  C  B
C  U  D  E  Z  A  L  W  Z  A  R  R  I  R  É
O  L  A  T  S  D  X  E  Q  V  J  O  M  E  A
W  E  M  I  N  A  T  H  A  I  R  S  S  I  L
A  I  Y  Ó  M  S  Y  C  L  Q  I  C  I  D  O
R  S  S  D  F  N  G  Z  C  O  Ó  Á  Ú  I  I
D  C  T  M  R  X  I  B  A  V  C  N  U  M  D
M  I  E  I  E  L  I  Ú  I  D  R  I  A  C  E
C  Ú  R  R  A  I  V  F  F  R  A  P  Z  W  A
O  I  Y  N  G  Ú  D  O  Q  U  M  L  E  M  S
R  L  B  E  R  D  Q  S  L  O  D  X  B  W  I
M  N  M  L  A  A  O  M  C  T  K  A  R  F  L
N  J  Q  L  C  C  S  N  A  Y  A  V  A  E  I
V  M  V  U  H  A  F  I  R  E  F  L  Y  M  M
```

BÉALOIDEAS	ZEBRA
COWARD	AIMSIÚ
MILSEÁIN	LEISCIÚIL
FIACLA	FIREFLY
DÓITE	FREAGRACH
MARCÓIR	MYSTERY
MILIS	FUAIMNIÚ
CAIRDIÚIL	CREIDIM
TROSCÁN	VOLTA
NATHAIR	ACADÚIL

Puzzle 2

```
L  Ú  E  Z  N  N  O  Í  A  L  R  A  H  T  R
Q  L  G  W  H  S  C  I  Á  I  L  T  X  T  Ó
U  A  C  H  T  A  R  D  V  R  Q  H  M  M  I
V  É  Y  U  A  N  R  J  B  I  A  A  A  H  N
Z  P  E  W  X  L  S  G  T  A  V  I  X  G  M
A  Z  Y  F  C  Y  G  H  E  L  W  R  Q  I  H
M  I  H  V  V  L  V  W  M  T  T  R  Q  H  L
T  H  C  O  Í  R  F  I  D  A  P  P  O  T  S
V  E  N  I  O  A  M  U  J  I  K  O  Q  I  A
L  H  C  H  U  I  G  E  Y  S  E  M  O  A  Q
Á  A  W  S  D  T  B  E  A  N  N  A  C  H  T
V  R  W  D  Ú  B  A  I  L  T  E  E  I  T  I
S  O  S  N  A  I  C  S  B  P  H  L  W  O  I
E  V  I  A  L  I  A  T  H  R  Ó  I  D  C  M
```

ÁRSA
LAWN
STOP
SCIAN
COTHAITHIGH
LIATHRÓID
ÉALÚ
RÓIN
DÚBAILTE
MAOINE

UACHTAR
AICI
SCIÁIL
CHUIGE
UAN
ATHAIR
RIALTAIS
THARLAÍONN
DIFRÍOCHT
BEANNACHT

Puzzle 3

```
M  L  N  L  C  N  I  Á  T  S  A  C  I  Y  A
N  I  B  O  C  A  E  L  Ó  M  H  A  R  A  J
P  O  Q  C  R  P  O  A  S  S  J  J  K  E  B
O  P  S  H  F  I  D  R  M  R  O  T  T  E  N
U  A  A  T  D  H  A  N  A  H  J  W  Ú  K  C
R  R  T  C  S  H  É  L  M  C  A  D  D  W  R
E  D  N  F  H  Y  R  J  Ó  H  H  I  Ú  P  Ó
D  T  A  F  O  A  T  N  O  I  I  R  R  W  G
G  H  E  A  L  A  C  H  Y  V  R  O  C  D  A
S  X  H  D  Ó  I  T  E  Á  I  N  L  S  N  Q
O  Y  T  Z  S  C  R  I  O  S  Á  N  M  U  D
T  Z  I  O  P  E  N  E  R  D  M  O  I  Y  V
U  Q  A  F  T  J  L  U  Z  C  V  L  T  N  G
I  R  A  C  H  V  L  É  A  R  S  C  Á  I  L
```

OPENER	CRÓGA
DÓITEÁIN	SCRIOSÁN
POURED	LÉARSCÁIL
NEAMHAIRD	LÓMHARA
AITHEANTAS	RIALÓIR
CAORACH	IONTAOFA
LIOPARD	LOCHT
ACH	TRÉAD
IMSCRÚDÚ	ROTTEN
CASTÁIN	GHEALACH

Puzzle 4

```
I  A  M  M  D  J  L  M  O  S  E  T  P  P  F
F  I  Q  N  U  D  L  U  Z  S  U  M  M  U  Y
I  E  É  I  S  L  B  I  F  Á  N  A  C  H  A
S  N  I  W  R  Ú  N  N  K  E  T  T  L  E  S
L  N  N  R  L  T  Á  E  R  I  N  C  E  Z  P
É  A  T  E  M  H  H  Á  F  T  Q  N  T  V  É
I  E  T  G  A  E  C  L  T  N  U  Z  S  Z  A
B  L  W  N  G  L  O  T  R     B  Z  I  Y  C
H  I  C  O  I  X  L  I  Á  Í  P  O  O  N  L
E  U  B  L  Á  T  H  A  R  S  S  E  C  I  A
O  M  T  O  P  A  I  C  H  E  W  H  G  F  Í
C  Á  I  L  I  Ú  I  L  M  A  S  H  O  U  T
A  K  W  O  U  V  U  N  O  L  S  M  Y  V  M
Q  G  H  Z  X  T  I  L  C  K  I  E  C  Z  V
```

SLÉIBHE	LOCHÁN
MUINEÁL	SPÉACLAÍ
FÁNACHA	INNEALL
ÍSEAL	GCOISTE
TOLG	COMHRÁ
BLÁTH	FEIRMEOIR
TOPAIC	CÁILIÚIL
MUILEANN	RINCE
ÉIS	KETTLE
SHOUT	DLÚTH

Puzzle 5

```
S  A  L  G  F  V  I  K  E  Y  R  H  C  C  G
T  O  H  I  O  C  H  E  I  S  T  V  A  O  Z
C  H  C  I  E  D  I  Q  M  W  X  N  R  M  B
A  L  A  H  T  A  E  R  T  T  D  D  Z  Ó  W
P  P  W  I  A  H  C  Ó  D  C  Ó  C  Ó  R  W
A  F  B  Z  R  I  T  J  V  X  W  T  S  A  P
L  S  L  K  Z  I  R  Á  T  H  A  S  T  D  E
L  A  P  I  O  L  S  W  T  A  I  J  R  H  N
G  M  S  A  U  L  H  C  F  O  S  D  U  N  C
G  P  Z  L  E  C  N  D  I  C  K  R  C  E  A
M  L  S  A  O  L  H  R  Í  N  M  I  H  A  S
U  A  H  T  R  Ú  T  L  U  C  T  B  T  R  E
F  Z  U  O  Z  D  C  R  L  W  H  X  Ú  T  K
C  R  M  J  Q  I  J  V  M  J  K  T  R  I  P
```

COMÓRADH	CHLUAS
THAIRISCINT	CÓCÓ
FLIUCH	DEICH
PENCASE	SAMPLA
DÓCHA	CAPALL
REATHA	SAOL
IMNÍ	STRUCHTÚR
GLAS	SOCHAIR
NEART	CULTÚRTHA
CHEIST	ÁTHAS

Puzzle 6

```
T  A  W  O  L  T  L  I  Á  E  C  I  E  H  S
D  M  V  B  Q  T  R  Y  E  A  H  B  R  E  V
T  O  I  S  C  I  F  A  D  R  X  U  S  U  H
É  J  I  H  D  A  N  O  I  R  Á  L  A  J  O
T  A  L  Ú  S  G  A  É  L  A  H  C  T  O  E
A  R  N  D  J  O  B  T  I  Í  A  Q  N  O  I
N  G  S  R  Ó  N  B  H  E  A  N  N  A  C  H
A  P  L  X  T  N  U  M  S  M  A  X  E  A  Z
Í  O  O  R  S  R  J  S  P  R  T  F  H  W  L
O  H  E  Y  T  H  I  A  R  A  H  G  T  E  Q
G  H  U  A  L  A  I  N  N  É  R  F  I  F  H
C  A  I  L  Í  N  Í  R  Q  T  Ú  Á  A  S  Q
F  V  S  C  Á  T  H  Á  N  L  O  I  U  T  O
F  E  A  C  H  T  A  S  B  K  N  L  S  E  C
```

SCÁTHÁN
SEILIDE
GHUALAINN
LÁRIONAD
VERB
ATHRÚ
EARRAÍ
CAILÍNÍ
TANAÍ
ÉAN

THIAR
FEACHTAS
CLUB
ÉAGSÚLA
TOISC
FÁIL
SUAITHEANTAS
SRÓNBHEANNACH
SHEICEÁIL
TÉARMAÍ

Puzzle 7

```
C U Z T T O S T F C K A S U T
G E A R R L S F I Z X E C A H
D Y O I W S E H M I Á L I I U
F B Q P A H T A E B X O O R I
C L I P S I P V N A O F B C S
Q V N V E O F R H B S É Ó U M
F H R A G D H Í G V H I L M I
S R Á I D B H A I L E L Á A T
A D M Q X U B F A T Q E I S H
T Í R E V I O D D M E A T B E
E W N O M P Í A R N L C I B O
A O S X D P R É A B E Á Ú V I
U A F Á S A C H U N I N I C R
N I O A R P S F C F D F L R Í
```

SRÁIDBHAILE
SPRAOI
SCRÍOBH
ÁITIÚIL
TÍRE
SHEAS
TOST
FHÉADFAÍ
THUISMITHEOIRÍ
SCIOBÓL

UAFÁSACH
CUARDAIGH
FÉILEACÁN
BEATHA
LÁIMHE
UAIR
CLIPS
LEANBH
GEARR
CUMAS

Puzzle 8

```
G  S  C  C  O  T  Z  U  B  P  G  A  U  Z  R
L  P  D  H  C  A  E  S  R  I  Ú  L  F  B  I
A  Í  E  A  A  E  U  B  S  O  I  L  E  Á  N
C  O  I  A  I  I  C  O  I  N  N  E  A  L  G
A  N  L  M  S  A  N  F  I  N  G  E  R  E  L
D  Ú  F  K  O  L  R  N  Á  R  H  M  A  I  U
H  N  N  Q  J  F  O  C  Í  B  H  E  H  T  A
A  C  H  A  R  N  C  N  H  O  D  S  D  I  I
E  I  Y  M  C  T  A  Y  N  É  C  R  A  L  S
U  G  S  C  I  Q  Z  S  N  Ú  I  H  L  T  T
S  M  A  O  I  N  E  A  M  H  I  M  T  Z  E
T  H  U  G  A  J  P  O  B  C  O  Q  E  P  Á
A  H  C  N  N  I  Ú  S  O  Í  R  H  P  S  N
P  Í  O  L  Ó  T  A  C  H  W  A  Z  W  A  B
```

PÍOLÓTACH	FLÚIRSEACH
GLUAISTEÁN	DEILF
ASLONNÚ	CHAINNÍOCHT
FINGER	PHRÍOSÚIN
THUG	IARCHÉIME
COINNEAL	SPÍONÚN
IORA	EITILT
ACHAR	LADHAR
AMHRÁN	SMAOINEAMH
GLACADH	OILEÁN

Puzzle 9

```
R C L O T P B P A T O S Q Í D
Z R L A W A O Z G B D I P L Z
D A I M V H S F O O A A F C J
E Y S F K U C Y Z T U U A I I
P G R A E D A E R Ú G L L H G
C O P O L E C A T N H G J T S
H Í R Q L U Y E Z F T G O I C
C D I T S I S E R C E X H E K
H C A N R Á L L K L R E H F L
A F P X A Á H M O Í S T Ó L Z
Y K M I S C I N I M B X Y T N
R T O U K A Y D N Y Í A D U R
W S I L Y N X V X C S A U F A
S E A N M H Á T H A I R R F L
```

GLUAIS
STÓL
DAUGHTER
RUDAÍ
BOSCA
BOTÚN
RESIST
MINIC
OIFIG
LÁRNACH

BÍS
DEARG
FEITHICLÍ
PORTRÁID
POLECAT
ÍOMHÁ
SEANMHÁTHAIR
IOMPAIR
LYNX
DÍOG

Puzzle 10

```
C  K  H  C  A  N  N  O  I  S  D  C  H  C  H
R  M  G  Y  U  L  Y  O  K  N  R  H  R  E  D
Ú  G  E  N  N  I  U  R  C  X  Q  É  R  I  T
B  E  P  C  Q  R  M  R  N  M  F  I  E  T  A
A  S  G  M  M  T  Z  I  T  U  B  L  I  H  Í
H  O  G  Y  V  I  L  Q  L  L  A  E  G  R  N
K  Ú  I  S  I  E  H  D  H  T  S  C  N  E  Í
F  H  Y  S  U  P  U  I  M  H  I  R  H  N  N
G  A  L  L  Ú  N  A  C  H  U  Z  Z  C  T  H
P  R  I  O  N  S  A  L  A  B  H  A  I  R  T
T  E  A  C  H  T  A  I  R  E  A  C  H  T  I
S  S  U  B  S  T  A  I  N  T  Í  K  R  T  Á
L  V  B  I  N  S  I  N  T  M  N  S  M  B  C
L  U  P  K  F  R  E  A  G  R  A  C  H  T  G
```

LABHAIRT   TEACHTAIREACHT
GCÁITHNÍNÍ   CRUINNE
UIMHIR   AOIS
SUBSTAINTÍ   CRÚB
GALLÚNACH   SIONNACH
INSINT   NUACHT
CEITHRE   PRIONSA
CHÉILE   CUIMILT
DHEISIÚ   REIGN
PEITRIL   FREAGRACHT

Puzzle 11

```
B B L C B S A O R X A J S Q D
L O A C H C O S T A S N A E B
E A H J F O V I I R H U S Z X
E H C A E D I Ó L A S B A E G
D B U H I L R A I C S R X J O
H E D X D A I F A B H R A C H
M A Y O H E O E I C U X T T B
A C L G M T E A D U H F H O H
L H N T S R T U E E X K B D U
P I Z Z A I S W G R E K A Z A
A K M G N O I J V G Á T H N C
L X G J S D A T L M B I B C H
I N T E R C E P T M V O D L A
T Á I R G E A C H T D H A E N
```

AISTEOIR
FABHRACH
BEAN
ABSALÓIDEACH
SCIAR
INTERCEPT
TÁIRGEACHT
BHABHTA
COSTAS
BEACH

CAOL
EILE
AERÁIDE
BLEED
ANSEO
BHUACHAN
SAOR
PIZZA
BHFEIDHM
DOIRTEAL

Puzzle 12

```
O Z F J I S O S A D C O V N B
Z S U O B U T Q A Í A W X Y A
T J Z W N U O N Y R R L V L I
B E G H N Ó T H Ú E I L U A L
I T A B O B C B R A B A S A E
O S L G B Z J A B C O E Y X S
R Í Á A M A K P K H U M N Y D
Á R H N U H I D A U U I V X G
I B B C V I Á Y F S Z I L N P
N O A U M W R I B P S R T V T
Z M G M L H C O L C L W C P R
A C M H A I N N Q F G D W F K
C O N T Ú I R T E A C H A B E
A P M M E O C H A I R V W T M
```

BIORÁIN
GHNÓTHÚ
BONN
PASS
BRÍSTE
GABHÁLA
CONTÚIRTEACHA
BRÚ
EOCHAIR
IMEALL

CARIBOU
CNAG
BAILE
NOUN
SOS
DÍREACH
TEAGMHÁIL
CLOCH
LUAS
ACMHAINN

Puzzle 13

```
G  R  U  A  I  G  E  W  K  X  T  P  D  B  S
C  Ó  N  A  I  D  H  M  E  K  A  O  V  E  H
K  I  T  U  L  L  U  A  C  H  H  L  B  A  E
A  B  H  A  I  N  F  A  I  D  H  I  C  R  A
R  R  R  C  A  C  E  A  D  D  B  C  L  T  C
M  H  H  W  H  V  A  N  C  A  L  E  O  A  H
O  S  I  B  M  Y  M  Q  D  Y  I  M  Í  I  A
E  R  H  R  A  H  T  R  A  U  B  A  V  S  I
S  O  M  Á  S  L  A  T  V  Q  B  N  H  P  N
U  I  M  P  B  C  S  T  O  C  A  L  H  G  T
P  C  C  U  P  H  C  A  L  L  A  E  T  C  D
K  É  X  L  G  P  Á  E  V  W  V  Y  P  V  Q
T  A  W  W  C  R  Y  I  I  H  I  V  M  C  U
S  D  B  M  X  V  G  I  L  K  N  T  B  X  B
```

BEARTAIS	SLABHRA
STOC	SHÁBHÁIL
SAMHAIL	LUACH
BUARTHA	CLOÍ
ROICÉAD	MUG
BHAINFAIDH	GRUAIGE
GHLAC	SHEACHAINT
POLICEMAN	VAN
SEOMRA	TEALLACH
CEAD	CÓNAIDHME

Puzzle 14

```
D  S  Q  J  R  F  G  M  U  S  C  O  I  T  E
B  I  P  Y  R  U  H  O  A  É  S  Z  Q  S  Y
A  E  N  Ú  Z  I  O  S  I  L  A  C  O  F  Z
I  I  J  N  I  N  S  T  R  C  H  D  J  H  R
N  L  R  W  É  N  T  L  E  A  B  Z  R  H  C
I  D  D  V  H  A  S  Y  A  I  A  D  M  O  V
S  A  A  W  Y  E  R  E  N  F  E  K  S  I  M
T  I  O  O  Z  P  P  G  T  E  H  R  F  X  H
Í  T  N  R  B  I  A  Q  A  L  F  C  D  E  E
O  E  R  Q  S  E  T  H  A  B  H  A  I  R  T
C  S  A  Q  R  H  T  I  O  R  H  C  C  P  K
H  Q  O  D  A  T  S  T  R  A  N  G  E  S  T
T  S  C  O  I  R  F  I  D  H  I  D  U  U  O
A  T  R  É  D  H  E  A  R  C  A  C  H  M  Q
```

STAD
UAIREANTA
DAONRA
SPÚINSE
THABHAIRT
CHROITH
FOCAL
SCOIRFIDH
GHOST
THEIPEANN

BAINISTÍOCHTA
ÉADROM
TRÉDHEARCACH
SCOITE
CAIFE
FHEABHAS
MOSTLY
DINNÉAR
STRANGEST
ILDAITE

Puzzle 15

```
I  F  V  L  T  N  T  E  X  S  B  G  A  O  S
P  E  K  E  S  I  T  N  C  A  J  A  G  U  P
J  S  D  O  D  R  M  N  W  O  Z  B  A  D  R
E  Z  D  R  I  A  S  I  N  T  Q  H  L  É  I
G  C  O  L  Ú  N  D  A  D  H  D  A  L  A  O
J  L  X  U  I  Á  C  B  N  A  O  R  A  N  C
F  X  C  V  T  E  K  O  Z  I  R  V  M  T  A
Z  D  L  F  I  R  Y  E  I  R  A  P  H  A  D
S  W  Z  H  T  I  I  N  K  M  S  Á  D  A  C
I  B  W  U  S  A  F  A  H  X  H  E  E  H  P
F  B  O  F  N  C  H  Y  B  Z  S  L  H  R  W
W  É  S  T  I  Ó  T  I  B  A  A  R  I  O  X
N  A  A  U  H  C  A  E  R  H  T  I  O  N  A
E  L  L  I  C  Z  H  D  I  Ó  L  R  A  H  T
```

TIMID
BÉAL
AGALLAMH
INSTITIÚID
ITHREACH
DORAS
THARLÓIDH
ABAIRT
CILLE
DÉANTA

CÓCAIREÁN
SAOTHAIR
BAINNE
GABHAR
LEOR
AIRD
CADÁS
SPRIOC
GCOLÚN
COIMHLINT

Puzzle 16

```
M  R  R  T  P  S  U  B  D  E  C  S  S  A  X
K  S  I  U  H  Í  J  C  D  H  H  L  O  L  C
N  B  L  G  A  L  A  U  H  C  E  É  B  J  P
I  Y  L  T  R  I  T  S  H  I  E  I  A  X  G
Ú  O  C  H  D  A  H  D  C  U  R  B  U  S  A
L  F  N  A  L  N  C  S  A  L  F  H  S  B  T
A  Z  E  S  C  A  O  L  E  C  U  T  A  D  H
B  L  T  E  Ú  Y  Í  A  R  D  L  E  O  C  C
T  E  I  R  M  I  M  É  A  D  A  R  I  Ó  A
E  J  O  I  J  A  H  D  H  P  P  Z  R  T  H
B  Q  E  F  A  D  D  I  B  M  E  X  E  A  M
T  F  L  X  B  A  I  P  O  U  G  A  M  X  U
T  H  G  Z  C  W  E  S  D  H  Q  D  C  A  C
X  A  X  L  M  T  F  O  C  T  J  J  A  E  H
```

BALÚIN	OLC
ANAILÍS	FEIDHMÍOCHTA
CUMHACHTA	TUGTHA
CHUALA	THUMP
CLUICHE	IONSÚ
GLEOITE	UBH
SAOIRE	TEIRMIMÉADAR
SLÉIBHTE	CHEERFUL
CÓTA	DOBHAREACH
PEACE	OSPIDÉAL

Puzzle 17

```
C Z I A C M Ú N H T A E L C T
R Á M L Ú N B D M U Y H F O E
D C I B I P I Y I A Z T E S I
H E D L S F N T U S Q I Q A L
O Y A G Í S U Í R L X M N W E
W E N R I O F A M A W I Q O A
D A G J F P C C R G T K N P F
W F L R F A V H Y Á Y R V X Ó
N E I G H I C P T N T A S C I
F S H R M L J H P A L L A B N
F E M D E T R Á T H N Ó N A Y
A E A D S M L A G H A I R T Y
O W S E K L A C R O I C C A S
I R C V L V Q N I Á H M A B B
```

TEILEAFÓIN
MASC
TRÁTHNÓNA
AMHÁIN
TASC
FOIRNE
CÁILÍOCHTA
TUASLAGÁN
LAGHAIRT
DEARFACH

CIORCAL
CAS
LEATHNÚ
COSA
FIREMAN
CÚIS
SUÍ
BALLA
FAOI
IMITHE

Puzzle 18

```
Á  L  E  A  B  H  R  A  G  Á  N  N  P  L  C
K  I  R  A  H  T  O  R  S  I  A  U  L  G  A
E  E  R  H  T  N  J  J  Y  W  Q  E  Ú  P  S
A  H  D  I  R  H  M  I  E  H  G  K  R  D  T
G  V  R  L  T  S  U  A  T  H  R  Ó  G  I  A
R  M  A  M  P  H  J  G  A  G  Z  V  P  O  N
A  H  X  Z  P  Q  E  Y  L  M  S  X  F  P  Í
Í  C  P  I  N  G  I  N  J  L  Ú  P  Y  L  O
O  A  M  H  R  Á  N  A  Í  O  C  H  T  Ó  C
C  E  L  E  H  M  I  N  I  R  L  O  C  M  H
H  T  L  B  L  A  É  H  B  I  E  L  N  A  Á
T  I  D  Í  L  I  S  Z  Z  T  C  F  Á  M  I
Z  É  V  U  B  M  Ú  R  G  A  E  N  M  O  N
T  R  B  W  A  N  Q  S  Z  C  U  G  H  J  J
```

GHEIMHRIDH
PINGIN
GLUAISROTHAR
ATHRÓG
CNÁMH
EAGRAÍOCHT
AMÚ
NIMHE
LEABHRAGÁN
DÍLIS

LEIBHÉAL
AMHRÁNAÍOCHT
NÍOCHÁIN
PLÚR
DIOPLÓMA
SÚILE
ÁIRITHE
CASTA
RÉITEACH
EAGRÚ

Puzzle 19

```
B  S  R  V  Y  O  W  B  P  U  E  N  E  I  A
L  T  I  L  J  A  B  O  Z  E  M  G  C  Z  B
I  I  A  E  E  U  U  G  O  N  A  Y  R  P  H
A  A  C  I  B  R  A  B  Ú  I  S  T  Q  Q  A
N  L  H  T  N  K  P  T  S  I  C  I  A  Z  I
T  L  T  H  T  Á  U  B  W  E  R  C  U  Í  N
A  D  A  E  A  C  H  T  R  A  C  H  T  W  N
L  R  N  N  G  R  O  C  C  E  O  I  L  W  U
E  U  A  Y  X  A  T  L  A  I  S  I  E  P  S
K  G  S  C  G  I  A  W  G  T  D  N  D  P  E
P  A  E  W  R  I  N  K  L  E  S  R  S  Z  A
Q  Í  Y  M  C  L  A  Í  O  M  H  A  M  I  S
S  C  A  M  A  L  L  A  C  H  Y  I  E  P  P
D  M  S  F  S  O  C  R  A  I  T  H  E  M  A
```

SPEISIALTA
RIACHTANAS
WRINKLE
EASPA
ABHAINN
PEATAÍ
SCAMALLACH
MEASTACHÁN
BRABÚIS
DRUGAÍ

LEITH
CARA
BOG
CEOIL
CLAÍOMH
EACHTRACH
YES
STIALL
BLIANTALE
SOCRAITHE

Puzzle 20

```
T  R  I  Ó  P  S  O  Y  L  R  D  E  S  G  F
C  H  Z  V  P  U  X  W  A  A  I  L  E  E  A
Q  V  U  C  O  G  N  C  B  É  I  H  A  A  N
Z  D  Q  I  D  A  A  D  H  G  H  R  C  L  A
Q  N  M  T  S  U  A  T  A  H  Y  A  H  L  C
C  K  I  N  Ó  C  J  Í  I  J  M  H  T  T  H
G  H  T  A  N  N  I  E  R  K  G  M  R  A  T
Z  X  O  G  H  K  Z  N  N  O  D  L  A  N  T
U  S  Y  I  A  M  V  N  T  C  T  L  C  A  R
K  X  V  G  L  N  P  A  M  B  Q  A  H  S  N
C  L  O  G  O  E  Y  G  C  D  O  I  A  U  A
X  X  T  E  S  V  A  P  I  W  T  C  U  W  Y
X  M  H  Q  V  W  V  C  S  Q  U  T  Y  H  U
C  U  I  R  T  Í  N  Í  H  S  O  C  K  W  B
```

CUIRTÍNÍ
GIGANTIC
DONN
GEALLTANAS
LABHAIR
SEACHTRACHA
GÉAR
GANN
SPÓIRT
AIR

DTÍ
CIALLMHAR
CLOG
AGUS
NÓS
HATA
CHOILEACH
THUISCINT
FANACHT
SOCK

Puzzle 21

```
M  L  P  D  N  U  H  J  S  Q  Z  H  I  Z  K
P  G  H  X  R  A  J  Z  Q  P  T  A  P  A  E
B  Á  N  D  E  A  R  G  D  E  R  O  H  C  D
O  L  R  I  H  V  T  H  C  A  S  A  I  T  A
B  B  Z  T  V  K  E  G  T  N  S  O  I  H  F
D  C  T  E  E  R  F  N  C  N  I  A  B  T  X
I  N  M  H  E  Á  N  A  C  H  R  R  I  C  L
F  T  A  R  R  A  I  N  G  T  Y  O  Y  M  A
F  E  M  R  I  E  F  J  Q  T  X  G  B  I  N
U  S  A  M  P  Z  J  O  G  N  B  H  G  W  N
A  D  F  R  M  C  K  R  A  T  H  A  Z  K  O
R  U  L  U  R  N  X  C  P  Ó  S  A  D  H  Y
C  E  A  C  H  T  A  R  T  R  Á  D  Á  I  L
C  H  Ó  I  R  E  Á  I  L  X  P  C  A  K  F
```

TRÁDÁIL   CHÓIREÁIL
CHORE   INMHEÁNACH
PÓSADH   TARRAINGT
FUAR   ANNOY
MIASA   BAINC
TAPA   PEANN
FHIOS   FEIRME
RATH   FEARR
CEACHTAR   IASACHT
ROGHA   BÁNDEARG

Puzzle 22

```
F G V S X N N Q H D S P P C C
C L H M N R I N U I Q E R O O
Y O V C N O C N P X T Y E N I
T W Y J O X M R I O T S A T N
C I X I V Í Z H A Y G L S Ú Í
U O O Z S U N Y N V I D G I N
I V C M T L X M Ó C V L I R Á
D K A N Á B S X I U Z E P T I
E T U R W N R I O S C A P E T
A V O E L B A H G U A L G A Í
C F U W N B R Í T A O B H C O
H J P A F I A B H R A S S H N
T G F R A C S C V F L U B W N
A M P D I A M H D A H K F T Q
```

TIOMÁNAÍ
SCARF
ÁITÍONN
ADHMAID
DRAWER
CONTÚIRTEACH
TAOBH
IMNÍOCH
PIANÓ
FIABHRAS

RIOSCA
HIT
PREAS
LUÍ
CNOC
COINÍN
STOIRM
CUIDEACHTA
GLOW
LAUGHABLE

Puzzle 23

```
H V S A E N N I U R C A R C A
D Ú S A C H T A C H A N O E D
L E I T H L I G H L T F C U D
L Q R F Ú S Ó N O I H P H B E
I A R I Ó T H C A F A J T G W
A R S M S P M V V Q O C A U C
C C É M C M N X N A I J I Z R
N R W I U K I D D Á R G N P A
U U J N M I C A J S E Y I E I
Q A W R P S G E B O A R N C N
C C N X V A E H F M C X T K N
B H N I Á H C Ú I M H D I E F
M E A S Ú N A I T H E P O R U
T Q F Í O N C U N T A S J Q B
```

CRUINNEAS
CATHAOIREACH
LEITHLIGH
MEASÚNAITHE
CRAINN
CRUACH
UNCAIL
FEIDHMIÚCHÁIN
ANN
GRÁD

DÚSACHTACH
LASMUIGH
ROCHTAIN
FACHTÓIR
PECK
FÍON
AIMSIRE
CUNTAS
RÉIMSE
PHIONÓSÚ

Puzzle 24

```
R  D  P  L  I  O  P  A  C  Y  T  D  T  O  F
T  Í  U  R  N  R  Z  O  H  P  A  H  U  L  R
B  O  C  G  E  C  U  J  O  E  R  É  I  L  E
G  L  O  T  U  D  S  T  A  R  A  S  P  A  A
L  T  S  K  U  Y  T  F  H  C  A  N  M  H  S
I  Ó  Á  G  D  I  S  I  Ú  H  I  A  I  É  T
Á  I  N  N  A  R  C  N  E  N  N  M  T  I  A
C  R  I  S  T  J  F  U  L  R  G  H  H  S  L
S  L  E  D  S  V  Q  A  B  S  T  C  E  T  O
A  N  Á  C  A  E  B  C  B  K  E  A  O  H  J
R  W  S  Y  N  X  R  H  J  T  A  R  I  D  I
A  Y  K  U  S  F  D  T  B  U  C  O  R  M  S
U  V  J  G  F  M  U  Á  H  U  H  N  C  F  L
T  S  R  R  R  S  L  N  B  Y  N  O  I  F  Q
```

FREASTAL   TUISMITHEOIR
GUY   PEACH
CHOTHÚ   PRETTIER
IDIR   DÍOLTÓIR
LIOPA   OLLPHÉIST
COSÁN   NUACHTÁN
TUARASCÁIL   SLED
CRANN   ONORACH
BEACÁN   SNASTA
DHÉANAMH   TARRAINGTEACH

Puzzle 25

```
G A O S I M V B Q A H T D T A
P E R É J I Z B U W S D G R I
U H H Ú C C E R N U U V A R R
P T A M R O F O E N R T A E G
S I K P L M Y N A Ó B A Q I E
C A V H N H N M I T S N N A
Q L O B J X M T H N N H A G D
S O D R X V B A N Í I R C R H
I E O N Á Q O N Í N A O H O D
O N C V T N N A W C P I Q Q B
P I H D S Á A S D S S C F D P
A A T P Y R H C I A R H M O C
R S A H C A E R H T I Á L A T
T R I O M A C H H L I A T H I
```

PAINTBRUSH	TRIOMACH
LIATH	COMHRAIC
BUNRANG	LÁITHREACH
BRONNTANAS	SÉÚ
SAINEOLAITHE	DOCHTA
FORMAT	AIRGEAD
NÓINÍN	ARÁN
SHROICH	BOCHT
SAORÁNACH	TRAEIN
NEAMHNÍ	SIOPA

Puzzle 26

```
F  G  E  B  A  N  N  I  O  M  L  Á  N  Z  X
Q  I  D  G  D  I  S  I  E  J  I  V  A  Y  Y
K  E  A  S  O  Í  P  B  G  T  Ú  K  H  U  W
A  X  É  N  S  L  O  W  F  H  T  L  C  N  L
L  P  C  X  A  W  B  H  C  A  N  R  A  E  C
A  B  N  W  J  I  L  I  P  R  A  S  U  A  Q
O  J  X  E  Z  X  S  E  T  S  I  Á  L  O  C
P  U  B  A  L  L  E  E  F  P  L  T  W  I  A
C  H  N  J  F  Q  F  S  M  Q  B  P  U  N  T
H  U  G  D  H  I  B  M  F  O  I  R  F  E  O
Z  W  L  I  Ú  I  C  I  T  I  A  R  H  P  L
B  R  V  K  I  V  O  É  R  I  Ú  I  G  J  L
R  T  Q  L  G  F  E  R  O  Í  C  W  G  D  V
G  M  B  U  D  X  T  N  I  F  I  L  I  E  F
```

CEARNACH	HUG
PHRAITICIÚIL	NIGH
FOIRFE	LUA
PUBALL	BLIANTÚIL
N-RÉIMSE	PUNT
LUACHAN	PÍOSA
COLÁISTE	GIÚIRÉ
CÉAD	FIANAISE
CÍOR	SLOW
EILIFINT	IOMLÁN

Puzzle 27

```
C  B  Á  I  S  T  E  A  C  H  D  F  U  P  N
A  A  D  O  B  H  A  R  C  H  Ú  A  U  T  G
M  R  I  S  T  U  I  F  E  W  I  N  O  A  C
Y  J  M  N  S  Q  B  V  X  H  E  O  N  R  O
I  S  V  G  É  J  J  F  P  T  D  M  R  I  D
Y  B  T  H  C  A  E  T  Á  T  A  É  W  E  A
T  P  M  T  D  L  L  V  K  B  V  A  K  T  R
G  M  V  O  C  R  B  Q  D  Ó  N  D  R  C  S
X  I  B  R  C  W  A  C  T  T  I  Ú  G  K  N
B  A  K  M  P  C  Q  K  R  H  A  I  H  P  A
Á  N  O  W  L  J  M  L  E  A  C  R  X  Z  C
N  P  H  C  A  N  Ú  I  G  I  L  I  E  R  H
B  R  E  I  T  H  E  L  H  R  I  É  O  L  T
D  E  A  R  A  C  P  K  W  Z  Z  L  C  A  I
```

STUIF	ROTH
MIAN	BÁN
CAINÉAL	DEARA
MONA	MAC
GCODARSNACHT	BÁISTEACH
BÓTHAIR	INVADE
DOBHARCHÚ	BREITHE
MÉADÚ	DAOR
REILIGIÚNACH	ATÁTEACHT
DRAKE	LÉIRIÚ

Puzzle 28

```
U  K  Q  G  F  M  G  W  H  N  B  L  F  B  M
V  L  B  P  U  Y  N  F  T  D  D  S  I  H  D
B  N  S  N  I  S  Á  T  I  N  T  B  R  R  E
T  H  D  O  N  T  I  D  A  A  H  N  V  I  A
D  S  E  F  N  E  S  É  R  T  C  T  R  S  S
F  E  N  J  I  R  I  A  H  H  A  L  M  E  H
R  E  A  R  M  I  Ú  N  B  I  E  G  Ó  N  D
A  S  O  C  H  E  N  F  H  O  N  V  M  I  A
G  J  I  E  H  S  T  A  H  M  H  P  B  H  R
M  R  Q  L  R  Ú  A  R  Y  Á  T  L  Y  S  N
E  V  E  A  Í  B  I  W  P  I  I  É  N  Y  O
N  I  A  G  S  N  G  L  C  N  U  I  U  R  C
T  F  H  Á  L  Ú  Í  C  Z  T  R  N  M  L  N
R  I  A  R  A  C  H  Á  I  N  C  E  G  W  A
```

CONRADH   FRAGMENT
DEACHÚIL   DEN
MYSTERIES   FIR
CRUITHNEACHT   FUINNIMH
BHRAITH   NÁISIÚNTA
RIARACHÁIN   FIACLÓIR
SILÍNÍ   DÉANFAR
LÉINE   BHRIS
SHINE   FHÁLÚ
THIOMÁINT   DEAS

Puzzle 29

```
T E I C N E O L A Í O C H T B
P L T H U A S T D N Q H I O A
M T H E A Y W B É N A A R R I
O S C S K M K N H A X I O L L
V A A H N D U U D L M H D A I
U C N B A L L A H A Q A U C Ú
H D A I M I S I J S I Q R H C
U N T A H T B R T É A R M A H
G A H H B J E I C O E O F E Á
G S C T F Z Y S D C A W Q H N
E R A B O I P T Q I G Q W M J
D M I Z N R W A O F L N T K K
V J R C G I F I I K G H Y P E
J S P P C S B R R J Q W O A R
```

SALANN
TÉAMA
RIACHTANACH
ORLACH
TEICNEOLAÍOCHT
HALLA
DIANA
BAILIÚCHÁN
IRIS
THAIBHSE

SANDCASTLE
TÉARMA
IAD
HUGGED
PIOBAR
THUAS
RUD
NUAIR
STAIR
CHAIBIDIL

Puzzle 30

```
F I Y E G H D A S V S G V A J
C A R T R T I M I L I E E Z W
E S N I A R B G Á E Á R U U L
S M G A N Á T V C J V I C L I
G É I C D I R W E K G Ó N D X
H O A P P T S P Á S P T O T O
A N Q D A H D O M F U A T H E
B F G F A E M R O D S Q U I D
H J G J Z C T O G Í T A L Ú N
Á N S F P I H Z E R C I Z P P
I L E I T H S C É A L H D H F
L I Ú I T I A L O P E W E D X
F A I G H E A N N U A I S L E
L O N N A I T H E O I R Í S C
```

FUATH
SPÁS
LEITHSCÉAL
GHABHÁIL
POLAITIÚIL
RÁITHE
TÓIR
CÁIS
OÍCHE
ÉADACH

TALÚN
BRAINSE
SLÁINTE
FAIGHEANN
GRANDPA
UAISLE
MODH
SQUID
CAITE
LONNAITHEOIRÍ

Puzzle 31

```
T O I R M E A S C B A U C S F
S H I N A H M Á N S I É P U O
A S V N S C M G D O S I Ó N R
M N T W E A A J M I T F I J É
O Y H H L F R T R H R E L Q I
M Q X G C R Ú P K M I A Í Q G
I M A G I A C F V I Ú C N Y E
X C D F C M E L Y E N H Í F A
C U C A I P I T I L X T M R N
U U Z L Q G G Ó S A E L M J F
E Q A T H C A E S I A U L G Z
O C W I D B Ú H B R A E H D S
P E E G R I Á T Q J L L M U B
G J M G W T B E A N N A P A U
```

PÓILÍNÍ
FORÉIGEAN
EASÓG
ICICLES
SCUAB
BEANNA
TOIRMEASC
GLUAISEACHTA
CÚRAM
DHEARBHÚ

CATKIN
AISTRIÚ
TÁIRGE
CAIPITIL
SNÁMHA
CUAIRT
ÉIFEACHT
MARFACH
PLAISTEACH
SHIN

Puzzle 32

```
S  G  S  G  C  H  O  I  M  E  Á  D  F  J  F
V  T  A  C  R  T  L  F  V  P  K  A  H  N  L
A  X  A  I  R  V  J  H  N  U  W  T  L  A  U
R  E  E  I  N  Ú  Y  V  I  O  B  I  A  A  F
Á  M  O  Í  D  I  D  N  O  C  Á  P  I  R  F
B  B  D  R  R  É  M  Ú  L  E  C  I  T  M  Y
J  J  B  H  A  A  A  H  R  F  Á  C  H  S  K
Y  Q  P  R  T  I  Z  R  A  O  I  I  I  L  L
B  A  L  Ú  N  S  L  I  I  W  L  Ú  Ú  K  O
Q  J  O  G  I  T  O  A  T  V  B  I  L  K  A
E  R  J  C  É  E  E  C  H  F  E  L  A  H  W
R  D  Z  P  P  A  Q  A  E  R  W  O  C  G  G
K  Z  E  Q  N  C  J  E  T  S  I  L  H  C  O
B  F  R  O  A  H  V  D  U  D  M  L  T  D  B
```

IOLRAITHE	AISTEACH
SCRÚDÚ	GOB
FLUFFY	DÍOMÁ
FHLAITHIÚLACHT	TIPICIÚIL
CHOIMEÁD	DEACAIR
COUPE	WHALE
BÁCÁIL	PÉINT
CHLISTE	BALÚN
ARD	GAINIMH
ARM	STAIDÉAR

Puzzle 33

```
Ú  Q  H  J  L  F  V  R  I  C  D  P  M  P  S
B  S  B  A  D  É  T  I  S  L  D  A  I  B  I
L  C  Á  V  G  A  P  F  I  Ú  E  H  R  B  L
O  H  E  I  W  R  Z  I  B  D  G  O  I  A  K
I  L  L  H  D  A  L  O  B  A  I  Y  T  C  Y
C  U  A  X  H  E  N  H  M  I  U  C  Q  U  I
C  O  R  C  R  A  A  K  J  T  H  C  O  E  T
C  S  H  C  A  T  H  C  A  H  B  Á  T  P  A
I  H  B  O  T  B  Q  Q  H  E  B  Z  F  K  Z
N  A  A  E  D  T  J  L  Q  A  H  A  U  O  H
N  K  L  M  E  I  R  I  C  E  Á  N  A  C  H
T  E  R  A  T  A  H  F  D  E  P  R  E  S  S
E  F  U  N  P  V  W  X  A  V  S  B  S  C  X
S  A  L  A  C  H  R  K  F  D  P  F  X  Z  X
```

BOLADH
SALACH
MEIRICEÁNACH
TIRIM
DEPRESS
CLÚDAITHE
SHAKE
ÚSÁIDEACHA
FAD
URLABHRA

LEÁ
TEOCHT
CINNTE
BLOIC
TÁBHACHTACH
FÉAR
CORCRA
SILKY
CUIMHNE
DARA

Puzzle 34

```
F  L  I  Á  T  S  A  E  T  H  C  O  N  A  N
A  C  O  Z  K  J  U  W  Z  C  K  D  G  T  W
I  U  M  X  T  F  C  A  F  O  D  H  C  H  F
S  R  P  T  Q  O  W  S  G  L  X  E  T  C  T
N  R  R  C  Ú  R  A  M  A  C  H  B  T  O  U
É  A  Ó  F  R  E  E  S  I  A  U  R  H  A  I
I  N  I  R  M  F  R  R  W  F  T  O  C  R  M
S  T  D  E  M  B  Q  I  E  N  B  C  O  T  H
E  J  H  F  R  N  E  D  A  D  J  A  Í  A  R
S  H  O  C  R  Ú  Q  A  T  F  F  U  R  J  E
T  E  A  G  L  A  I  M  D  V  N  B  B  R  O
S  H  A  R  P  E  N  E  R  H  Q  B  I  F  I
K  N  B  C  H  O  R  Ó  I  N  G  N  O  O  R
G  V  M  A  C  H  O  I  M  R  I  G  H  Z  V
```

BARR
CÚRAMACH
FAIRE
SHOCRÚ
FAISNÉIS
MBEADH
FREESIA
BROC
TEAGLAIM
SHARPENER

ANOCHT
OIBRÍOCHT
IOMPRÓIDH
CHORÓIN
LOCH
TRAOCHTA
CURRANT
ACHOIMRIGH
UIMHREOIR
TEASTÁIL

Puzzle 35

```
H R I L F Q N Q N M F P W P R
S F Y N O Z I I K R O H Q E O
O M H Y G X X B T U X T L A T
C E A N N I O R N I W H R H
J G W J S U E N G I A W M S A
R S N O W D R O P S R L A A Í
E Í I D Q H A M S T E R I N O
A T O T R U C A I L V G R T C
L W H M A N G R U T B Y S A H
A R Y R H C Y X S P H S M M T
Í U Y E X A B E S E R I Á G A
N L I Ú I C I S I F A L Z U S
E L E A G A N R X K T Y D Y E
D H E C U X W F E V H J F S H
```

HAMSTER	CEANN
PEARSANTA	ROINN
INGNE	FISICIÚIL
AIGNE	GUYS
MOTH	RIAMH
TRUCAIL	ROTHAÍOCHTA
GÁIRE	RÍOMHAIRE
BHRATH	SNOWDROPS
EALAÍNE	TURGNAMH
ALT	LEAGAN

Puzzle 36

```
A N N A E S I E D O M G R Y M
M N N U E N M V S N V C E Q E
L B A T V F O R C U B E E V D
A H L N U F D U H K I K X G I
C E O F N L Í O M A N Á I D C
C A G O H E G D E H S C F N I
Y N S I M P L Í Í J W Z I Y N
P E N G L I S H B R S L A K E
U Á S Q W F E D X J I K C Q Á
L L I M V Z W D E L U Ú H H D
L P A P E I S C E A C H T M H
M N F W É S I B H I A L T A K
H E E G T A P L A Y F U L C T
Ú S C Q N D R G A I R D Í N F
```

GAIRDÍN	DÍRIÚ
FORC	OLANN
PLAYFUL	BHEAN
ENGLISH	CALMA
ÁDH	DEISEANNA
ULLMHÚ	HEDGEHOG
ANANN	LÍOMANÁID
SIBHIALTA	SIMPLÍ
FIACH	EISCEACHT
MEDICINE	PÁIPÉAR

Puzzle 37

```
O  E  O  J  R  I  É  D  I  A  T  S  M  N  S
L  R  X  F  E  O  V  T  L  B  U  U  X  H  P
X  G  Á  C  U  A  I  C  A  I  R  É  A  D  L
K  P  Z  I  W  S  T  N  Y  P  X  D  T  A  A
K  R  O  B  S  Á  F  N  N  D  J  S  O  G  N
Á  F  A  C  H  T  S  O  F  T  M  C  P  U  D
Y  U  D  J  R  R  E  F  V  Y  D  I  M  R  A
T  R  A  G  Ó  I  D  E  A  C  H  L  A  O  Í
A  C  C  O  M  P  L  I  S  H  R  A  O  N  U
U  E  E  T  N  R  É  A  L  T  A  C  H  T  R
Z  R  Z  P  H  S  F  H  U  L  A  I  N  G  T
R  E  Á  C  H  T  Á  I  L  J  U  M  T  R  N
E  A  S  E  I  R  B  H  Í  S  E  S  I  A  T
C  É  A  N  N  A  Q  V  G  G  G  H  E  X  U
```

RÉALTACHT	POTA
FHULAINGT	FÁS
FONN	REÁCHTÁIL
TRAGÓIDEACH	RUGADH
SEIRBHÍSE	ROINNT
RAON	SCIL
TAISE	ACCOMPLISH
CÉANNA	CAIRÉAD
PLANDAÍ	STAIDÉIR
ÁFACH	ORÁISTE

Puzzle 38

S	B	P	B	C	I	U	N	C	I	G	E	L	R	E
H	L	B	A	R	V	S	A	H	A	R	K	L	C	E
U	Á	Á	D	R	Ó	U	W	I	G	E	K	E	K	S
M	F	X	I	E	S	D	Q	W	T	A	L	G	A	E
B	C	P	É	N	Y	N	Ú	R	Y	N	Y	O	G	C
L	Q	N	N	M	T	U	I	I	C	N	Y	H	N	M
E	H	M	I	O	R	I	X	P	L	M	E	C	A	A
I	L	A	Á	Z	I	G	Ú	R	A	H	B	A	E	L
A	G	Z	L	O	M	D	X	I	Y	A	M	L	T	O
R	M	O	P	E	I	C	P	L	L	R	I	A	H	I
R	L	T	E	N	D	E	R	L	Y	N	O	I	C	C
G	I	N	E	A	R	Á	L	T	A	E	J	R	A	W
M	I	S	Ú	L	B	U	I	D	É	A	L	T	E	G
T	O	O	T	H	B	R	U	S	H	X	V	S	C	E

CEACHT
TENDERLY
BUIDÉAL
IARR
TRIALACH
PLÁINÉID
GINEARÁLTA
HUMBLE
LEABHAR
GREANNMHAR

ROIMH
FÁL
SLÁINTIÚIL
BRÓDÚIL
PARSNIP
IMIRT
SÚL
TEANGA
EAGLA
TOOTHBRUSH

Puzzle 39

```
A B U C B F A S W E G C W V S
Q T E M H B U I T L R O A I C
J R H D Á E D R I A O N R P R
C A T C P L A E R R W T D É I
U E I Ó H F A N B O L Ú R I O
Y H A S T Ó K I N P Q I O N S
Z C L T I S I C K A X R B T R
N Z A A A J R R K Q I T E E K
E T I C R Z U P I N K G P Á Z
X Y R H S C T K C Ú W A H I N
V R Q J S G E A R R T H A L O
D T U M A D Ó I R E A C H T U
I A L T Ó G B H E I T H Y Y Y
J Z M R Z H M B G H Y L Z A R
```

IALTÓG
SCRIOS
CHEART
TIUBH
ATHCHÓIRIÚ
BHEITH
AIRDE
RIALAITHE
PÉINTEÁIL
WARDROBE

CINE
TUMADÓIREACHT
CHEANNAIGH
OLA
SRAITH
ÓSTACH
GEARRTHA
CONTÚIRT
MÁLA
GROWL

Puzzle 40

```
I  H  V  U  T  S  O  Z  J  E  T  L  H  A  Q
C  D  A  S  R  B  R  É  A  G  S  C  A  É  T
E  A  I  C  A  J  H  Q  T  D  E  F  M  D  P
A  H  D  R  M  L  I  N  H  E  A  U  B  S  A
R  B  Q  X  B  A  C  S  C  L  C  A  U  C  G
C  O  N  B  X  H  K  Q  A  S  H  L  R  A  M
Z  L  P  O  N  Y  R  K  E  D  T  L  G  N  A
A  R  D  F  E  Q  W  I  N  O  A  M  E  R  R
O  I  L  I  Ú  I  N  T  S  E  I  H  R  A  T
S  U  I  M  I  Ú  I  L  U  T  N  A  M  I  I
Y  Q  X  B  J  T  W  H  A  S  E  I  E  T  C
S  X  B  I  I  H  J  N  R  I  E  R  R  H  L
L  E  I  T  H  E  A  D  Z  C  Q  I  R  E  E
S  O  L  Á  T  H  A  I  R  T  Í  Ú  Y  E  G
```

TÉACS
ARTICLE
ALLMHAIRIÚ
SUIMIÚIL
IDIRBHRISTE
BRÉAG
SLEDGE
TRAM
OILIÚINT
CEARC

SOLÁTHAIRTÍ
SNEACHTA
CISTE
PONY
HAMBURGER
MERRY
LOBHADH
TSEACHTAIN
LEITHEAD
SCANRAITHE

Puzzle 41

```
B L A É C S L C A H A H Q G L
H Í O O Y S V Q A T G G G N H
U N Á E S I C I Y I D R K Ó B
A E Z R X P M G T B P G U L D
I E R I O E N M N I A Í T A E
G T Ó L R I A H B Á M V N C T
H J H I H L I A U G S Í N H I
I Z M O G E C D Y Z Z W N T O
E K P S A I T H R I S W F Í M
A G A T Y Q J B C J N A O E A
T A N G L E D U K I T Y M A N
B R E I T H E A M H Ú K W Y T
S P I O N Á I S T E O I L V A
R D Y V Z M H F C K O I N O S
```

SCÉAL	AINMNEOIR
GUAIL	LÍNE
MHÓR	ÁBHAIR
TIOMANTAS	AGAT
AITHRIS	VITIMÍNÍ
SPIONÁISTE	PEILE
SOILIRE	BREITHEAMH
CAIPÍN	TANGLED
CIÚIN	BHUAIGH
GNÓLACHT	CISEÁN

Puzzle 42

```
D D Y T E A C H T R A O N C L
T C H A M Q A X G Y J I A A P
W G F A L Á C O T S A U S R I
E C C Y B L T R Á L R U R R L
C O P A I R L E A G T H A I O
V P É I R E W S S E H S H S K
A D I A H T Á N S U C X M M V
L O C H O R R I F Q A G O I V
E I Z C V I A O Á I D P H A U
N R L Z W T I H I T R K C X Y
T T X Y F J J F L N A Q D G O
I S E L A N F Y T A U O B E Y
N L U A G C E M E I C O I R Y
E F S L B A I R G I D R Y U T
```

GCEARC
VALENTINE
CHORR
EACHTRA
URLÁR
DOIRT
CHOMHARSA
ANTIQUE
CARR
SNÁTHAID

AIMSIR
AIRGID
PÉIRE
STOCÁLA
FÁILTE
CUARDACH
OBEY
LEAGTHA
COPAIR
FHOINSE

Puzzle 43

```
N  S  D  E  A  R  A  D  H  Z  K  C  G  S  C
G  H  D  P  E  L  O  Ú  T  L  Ú  I  H  D  R
F  U  U  U  U  L  E  B  O  I  L  A  U  A  U
J  I  M  M  I  P  D  L  C  L  I  R  Z  U  I
S  G  U  J  T  L  P  H  D  Z  M  Ó  W  P  N
A  H  Z  S  V  N  L  Y  O  U  C  G  B  W  N
G  C  V  A  E  I  H  E  S  I  A  L  O  E  I
H  A  T  I  S  Á  R  Z  P  Z  R  B  L  A  Ú
A  R  D  B  H  C  O  Í  A  M  A  N  C  A  E
S  R  C  H  C  R  C  R  R  L  L  Y  X  L  E
E  A  U  I  L  A  F  I  K  O  P  U  F  V  A
R  E  R  R  J  E  B  O  L  Ó  N  O  I  T  G
H  G  A  G  B  D  C  J  E  S  A  H  C  T  N
S  C  R  O  B  A  R  N  A  C  H  P  B  O  A
```

DUILLE	CRUINNIÚ
SAIBHIR	EACNAMAÍOCH
PUPPY	EOLAIS
TIONÓL	DEARADH
SPARKLE	EARRACH
BOIL	CHASE
SAGHAS	DEARCÁIN
SHUIGH	CIARÓG
DHIÚLTÚ	EAGNA
CUR	SCROBARNACH

Puzzle 44

```
C O Q C D P T G Z X J T I S P
F T K R K P N E E E U Y L T O
L E Y W L O T T R A T R O Á I
K I D D I N G S N R T M O I N
B N B H R Ú V I N D O A C S T
R Á H D U Q Q Á B K V R H I L
O I C W Z Í U B R B I É D Ú E
C S A R T R U A S F A R I N S
A I H H D A H C Ú I N I A N S
I Ú T G C Ó N A Í D D M H A E
L N Ó H E K D P B T U R G L H
Í V L V W M K K D H S J A A B
J C G W T N L B X W T I L I X
S T U I L E B Z V P Y F M B L
```

KIDDING   ÉIN
AGHAIDH   BUÍ
DUSTY   DHÁ
BHRÚ   INIÚCHADH
NÁISIÚN   GLÓTHACH
TERROR   STÁISIÚN
CABÁISTE   GEATA
BROCAILÍ   GCÓNAÍ
TUILE   POINTLESS
TRAS   BIALANN

Puzzle 45

```
M H O L A D H T I S T E A C H
B A N A L T R A R S R Á I D E
C A E P T B V Q L Á L W Z B T
K O T A R B H A R J C C I Q R
U R N D I É L H B I R H P O I
Z O I C N K N H A H J L T P Ú
F G O E E G B F S Q P M X A C
U H H C V I X K E M K B J X S
A N P Á Y Ú V T B F Á G Á I L
I A H I N C J E A O C S B L Y
M Í M T I Q S Z L N L S K B G
E O Á K R I L Ó L Y L Z N T J
B D N O H D A E L I Á H D M A
Q H S R E G D O D C I O V C A
```

ARBHAR
FUAIME
ROGHNAÍODH
TRÁCHTAS
PHRIBHLÉID
ÁIT
CONCEIVE
SRÁIDE
CDODGERS
DHÁILEADH

CÚIRTE
FÁGÁIL
BASEBALL
PEA
CLÓS
CÚIG
MHOLADH
SNÁMHPHOINTE
ISTEACH
BANALTRA

Puzzle 46

```
É  M  P  I  G  P  E  M  I  S  E  A  N  U  G
A  E  W  P  S  B  X  H  W  Z  S  U  E  I  L
D  I  O  S  A  V  E  B  K  X  O  N  O  S  A
A  C  G  F  I  Y  R  R  U  H  N  B  L  C  S
Í  N  I  N  B  N  T  Z  N  Q  R  F  A  E  R
M  E  O  N  H  P  I  L  F  G  A  G  Í  Z  A
H  O  T  A  R  U  K  E  E  A  Í  W  O  C  Í
F  I  Á  R  E  D  I  F  E  A  R  V  C  O  A
O  R  N  O  I  F  I  G  E  A  C  H  H  C  W
M  C  Y  E  T  K  J  X  Ó  T  J  U  T  K  Q
E  X  H  T  P  S  M  D  D  L  S  U  J  T  P
J  C  A  T  C  P  J  R  A  O  L  S  J  A  B
C  B  S  L  Ó  C  F  O  M  W  L  A  I  I  C
W  T  R  E  O  I  R  L  Í  N  T  E  D  L  U
```

ÉADAÍ	EOLAÍOCHT
MISEAN	HURRY
COCKTAIL	DIFEAR
SAIBHRE	GIOTÁN
GLASRAÍ	NUA
UISCE	OCHTÓ
EXERT	MEICNEOIR
OIFIGEACH	DALLÓG
INIS	TREOIRLÍNTE
TEORANN	SONRAÍ

Puzzle 47

```
L D S H A I N I Ú K P Y L S S
I E Í I Z E J M E Á N I J U O
Á T I O P H H K N L O Ú L P I
E I C G S M H E O F Z I T L L
C E O P H P X L N N A R O T É
I C I D W I Ó E C X S T Z F I
E S B L N I S I E R F I N A R
S M R E X J N D R Á L L D B A
B F Í H S U A N X E F J G E M
C Z R T D K N A D N A F S R Á
E T U A I R I M E O H C E A R
A B O E Q P Y R A C W S H N A
R S T R J W Q F S S J T B T C
T M V B X B J I C F A D H B H
```

FREISIN
SCEITE
MEÁN
SOILÉIR
DÍOSPÓIREACHT
BREATHE
TORANN
OIBRÍ
AMÁRACH
LEIGHIS

CEART
PILL
SHAINIÚ
DEASC
NONE
LÁR
LITRIÚ
TUAIRIM
FADHB
SEICEÁIL

Puzzle 48

```
D  L  I  L  A  C  V  E  R  C  E  I  L  D  D
C  U  Y  F  B  P  M  Q  A  Á  R  S  W  B  O
G  E  A  N  S  A  Í  A  O  G  I  Q  O  H  L
D  E  A  R  C  A  D  H  N  T  A  T  V  X  C
O  W  O  S  Z  P  D  C  A  K  N  C  E  H  O
B  I  L  H  B  Z  W  A  F  D  N  O  E  A  X
H  A  P  P  I  E  S  T  Y  J  A  N  A  V  S
B  G  L  I  O  B  R  R  N  G  E  I  L  W  R
P  O  Q  F  A  H  M  A  N  Ú  C  O  L  O  Y
K  Í  R  T  I  O  N  S  C  A  L  N  A  N  B
Z  R  I  R  D  R  É  I  M  I  R  E  I  P  I
S  Ú  I  L  Ó  U  T  A  E  H  C  A  G  J  U
Y  R  Y  N  Ú  G  N  A  E  S  R  X  H  A  F
W  I  C  W  E  S  A  T  Á  S  T  Á  L  A  C
```

HAPPIEST	ONION
GEANSAÍ	EALLAIGH
BOILG	RÍOGA
LILAC	TIONSCAL
DRÉIMIRE	CEANNAIRE
AON	CAGE
CÚNAMH	SEANGÚN
BORRÓGA	DEARCADH
TÁSTÁLA	ARTACHA
RÁITEAS	SÚIL

Puzzle 49

```
W V D A E F I A T B R Ó G A X
T N I A H C A É H F C A R S B
F E A T I D L C K K I R Q P Y
X U B S D D S D O B I L E E K
L S N K V E Í K P É X M S M Y
W Í H Í K H L M T I F I C W L
H A C A T S O I L S Í R A U I
R C V L M X Y R C C E A É V Ú
O N R A T S A U F I X V N V I
U O M E L J Q H B G O A N U M
K M F G D R C C Q J T U I I R
F N V S H R P F P L V O S A I
D U I L L E O G A B A N A N A
F G P D B U Y Y W D B V A G G
```

MONCAÍ
SRACFHÉACHAINT
BRÓGA
ÉISC
LIOSTA
INVEST
GEALAÍ
UASTA
CHUR
DELICIOUS

GAIRMIÚIL
LEEK
INNÉACS
HACA
DUILLEOGA
TAIFEAD
DAIDÍ
ARÍS
BANANA
FEAT

Puzzle 50

```
É C G F L O Z M V T P L B B E
A I O X V L P P P P L M E J R
R Y G M A M B I O Y S X A I H
S G N I H F M F O K A Ó N H G
É Z D F N A É Z J J P V P G I
I M Á T Á T O A T S Ó C G F A
P Á I Z H L P N D A O N A D T
É I R K C A E I T F X O N O S
A S Í M O É L N F Ú A R S E A
L T R R Í R Q I E H M I O R H
G I E A U F O O Q G M Z D H B
I R E X S U S E A B H A C H A
M I A N T A O R I D I Á L I E
P H I C T I Ú R L A N N Z D F
```

AONAD
MIANTA
NDÁIRÍRE
COMHAONTÚ
MÁISTIR
RÉALTA
PHICTIÚRLANN
GHNÓ
STAIGHRE
SEABHAC

BEAN
LÁIDIR
SÉIPÉAL
FÉADFAIDH
ÉIGIN
REO
ROIMHE
GCÓSTA
FEABHAS
SUÍOCHÁN

Puzzle 51

```
S T Y R A B Y X A D C Y M A U
C E S H M I É R T N L C Y J Y
O R A A T D P K Z V G C O N W
M I P C M H U M Z Y W Ó G L X
H A C O L H O T B M N C S E K
L T V I Ú Á R M C X H A L A Y
A H N S I T I A H L P I Á N Q
C C G I S R M D I A E R N A C
H Á N L J Í U N E D S E D Í O
T R A I P O I B L Í H A Á S G
F T E Ó E X T I N C T C L U A
K J R H N D N H L N B H A X D
G O S C A O I L T E A T F H H
M P E P G R O M H A I N N X X
```

EXTINCT
TRÁCHTAIRE
TSAMHRAIDH
SCAOILTE
GAN
TRÉIMHSE
THOMHAS
CHÓILIS
CÓCAIREACHT
COMHLACHT

TRÍ
SEACLÁIDE
LEANAÍ
ROMHAINN
SIOC
SREANG
POIBLÍ
COGADH
SIÚL
SLÁNDÁLA

Puzzle 52

```
S C E I D E A L C D S M S C C
X R O A X R X G M U S E H U H
T I Ú I L I P E F Í P N J I U
Í R I O E T N I Ú M L Á É R S
D C D F P C Ó B F X S E N E T
V T D S I É T I A R T S G A A
V X A H T R A P M O I N I D I
S C O O T E R E O L A Í G H M
V M U Q B D E I C H I Ú U X É
L E A B H A R L A N N J N Q I
T R A I D I S I Ú N T A N S R
V B K P A S R Z Y O B J A C Í
E W X C K A N B H A I N T Ó Q
C Ó I S T E R U V E E O B R I
```

CUPÁN	EOLAÍ
MÍLE	STRAITÉIS
MÚINTEOIRÍ	DEICHIÚ
AN-BHAINT	GNÉ
CUIREADH	NÓTA
CÓISTE	SCOOTER
LEABHARLANN	CHUSTAIMÉIRÍ
TRAIDISIÚNTA	SCÓR
GUNNA	TIÚILIPE
INIOMPARTHA	SCEIDEAL

Puzzle 53

```
C V R I Ú I D H G I A S J E R
H I E D O Y I E V O F B Q X N
W U R A I D I S S T X H X P R
L F N Q S N M E L C G E H E D
C F L Q L A X D L E E U I D R
H U J Z R C N C O F G N S I U
T U R T A R S N Í J K Á D T M
F I G I Ú R F E N I Á E M I A
Y L U A R E M Q N H R L D O L
O L A Q L D A C I Y T T Q N Í
G R Á O D N T E O R A I N N O
Y P W C F O V D C P G E N M N
T T V G L W A M H A R C N L R
S L A C H T M H A R I N H R A
```

ELF	COINNÍOLL
EITLEÁN	LAG
MEÁIN	EXPEDITION
SAIGHDIÚIR	TURTAR
RAIDIS	DRUMA
AMHARC	TRÁ
TEORAINN	WONDER
LÍONRA	FIGIÚR
SLACHTMHAR	CANDY
GRÁ	DESCEND

Puzzle 54

```
S  I  H  T  I  F  H  B  N  R  Y  Y  F  Z  G
Ó  B  U  I  D  É  I  L  L  T  U  S  H  P  A
I  W  I  K  E  R  V  R  W  E  O  N  É  I  A
S  H  S  U  N  I  Ó  C  L  A  B  O  A  S  Y
I  C  J  Z  O  T  É  A  N  N  V  W  D  E  S
A  A  H  G  I  A  L  N  O  I  M  M  F  A  E
L  H  V  E  N  Q  M  S  Y  T  F  A  A  N  L
T  T  H  G  A  H  T  C  L  O  F  N  D  N  N
A  A  C  Ó  P  P  V  G  I  M  I  E  H  A  I
V  L  D  P  M  A  F  H  D  E  D  W  M  D
F  N  D  R  O  D  G  D  A  É  P  R  I  A  C
V  O  L  V  C  H  C  C  H  R  É  I  D  H  K
M  A  J  J  Q  S  L  E  E  P  Y  A  R  T  U
J  D  E  I  R  R  U  H  H  Q  B  C  E  S  D
```

TÉANN
SNOWMAN
DAONLATHACH
KIWI
COMPANION
BUIDÉIL
SLEEPY
MIONLAIGH
FHÉADFADH
BHFITHIS

CHEAPADH
PÓCA
CAIRPÉAD
CAIRDE
PISEANNA
HURRIED
BALCÓIN
SÓISIALTA
FOLCTHA
RÉIDH

Puzzle 55

```
A  C  H  O  M  P  O  R  D  B  I  N  J  C  I
N  M  V  J  O  V  Q  H  F  A  O  Á  U  O  A
O  T  A  Z  V  C  Q  G  N  I  N  E  X  M  S
D  L  G  D  F  V  V  G  A  N  S  S  V  P  C
N  Á  K  N  Á  D  I  C  M  I  A  I  B  A  A
A  I  M  T  R  N  H  D  H  S  I  E  A  S  I
G  M  I  É  L  P  F  V  A  T  T  R  O  S  R
S  H  C  A  N  A  I  M  I  E  H  B  Y  I  E
Q  S  S  P  Ú  N  Ó  G  D  O  E  M  N  O  A
T  E  C  E  A  P  T  H  A  I  A  G  A  N  C
T  Á  S  R  I  M  Q  O  L  R  C  Y  T  R  H
K  I  N  N  A  E  N  I  A  H  B  K  W  T
L  L  I  Á  E  L  I  É  D  G  N  N  U  M  A
D  G  N  Í  O  M  H  A  Í  O  C  H  T  A  M
```

AN-DONA
DÉILEÁIL
IASCAIREACHTA
IONSAITHEACH
NAMHAID
BHAINEANN
SPÚNÓG
MIANACH
AMADÁN
GNÍOMHAÍOCHTA

BIA
LÁIMHSEÁIL
BAINISTEOIR
GAR
LÉIM
CHOMPORD
COMPASSION
MAR
CEAPTHA
MBREISEÁN

Puzzle 56

```
F  W  C  R  V  G  T  T  C  T  O  W  F  J  N
É  U  R  R  A  H  T  O  U  R  C  G  Í  W  K
A  M  I  Q  A  W  H  A  A  I  D  I  O  R  T
G  B  O  N  D  I  Z  C  R  C  V  O  N  J  C
O  U  A  I  N  K  C  A  A  K  W  T  C  Í  A
B  D  H  A  T  E  S  E  S  N  M  G  H  N  D
H  H  T  R  Y  Y  O  A  A  T  Ú  N  A  I  D
S  D  A  R  C  W  T  G  G  N  C  I  O  G  W
A  A  C  F  I  A  C  A  I  L  N  A  R  N  W
Í  C  O  M  H  D  H  Á  I  L  R  R  A  I  H
D  A  M  U  X  Z  A  D  M  D  Z  R  J  P  O
O  L  Z  J  K  N  N  A  E  N  I  A  B  J  N
D  H  D  A  R  O  T  Y  I  R  X  H  Z  I  M
W  G  Z  V  C  Z  X  R  I  A  H  T  Á  H  M
```

OIRIÚNACH
TRICK
DIAN
FIACAIL
THARRAINGT
TROID
FUINNEOG
CATHAOIR
RAIN
TORADH

OTHAR
BAINEANN
ÉAGOBHSAÍ
PINGINÍ
CUAR
MHÁTHAIR
FÍONCHAORA
GHLACADH
COMHDHÁIL
CRAICEANN

Puzzle 57

```
C P H U H D H Ú I S I G H É N
D Á A M J R D V A F R L C I C
N W I C M U A E Q R R Y O L X
W Z Q N L S N F E R R E T I P
R P M A E H O O P W R J X P B
L L D L V A I P F E M H H S P
F L S G U T D O L L A M H E C
G I M E A S C H Y Q D Á I A A
Z A Á N G N A S C A I N E C O
M H T I J N E L N C Z S N H I
N C R U N O F A S P D F N A N
V A I D I T S K D I Á N S B S
U U C O M H G H A I R D E A S
Y B G O R T A Í T E A R I N Y
```

RUSH
COMHGHAIRDEAS
IONADH
NÁID
MEASC
DHÚISIGH
TONN
GLAN
FIÁIN
BUACHAILL

NEAD
FERRET
GORTAÍTEAR
ÉILIPSEACHA
CÁINEADH
OLLAMH
ASCAIN
CAOIN
SNÁMH
DUINE

Puzzle 58

```
O N O M Q J B A I F Q N P E O
C I C Z G S S I E W S N C E H
J R D R H C A N A E R I E H D
Z S E E W M N G U Q E Á R C A
P S U A A V K E R U A B B O L
B O R D T C W A R Í B Á I E O
M A I T H L H L E N H C O D E
T W H Z C K A A T Í A S N V S
O E K Y A V T C I P C P L Ó E
S J E V U Q Q E H S H V E R W
A W A M C T G P O I Y W A N S
I C É A D C H O S A C H D F W
G R É I G I Ú N C A T K Ó G G
H T U I L L E A D H A A G I C
```

CUACHTA
BORD
CÉADCHOSACH
ISPÍNÍ
SREABHACH
OIBRE
AINGEAL
CAT
CNÓ
RÉIGIÚN

SEOLADH
MAITH
CREATLACH
TOSAIGH
OIDEACHAIS
DEOCH
TUILLEADH
CÁBÁIN
LEADÓG
DHEIREANACH

Puzzle 59

```
F  W  I  D  H  C  A  N  N  A  M  H  D  Q  M
T  L  D  I  K  Í  C  R  L  A  J  U  U  Z  E
R  L  I  Á  D  N  G  D  X  P  F  X  A  N  A
Á  X  Ó  P  Q  C  E  A  E  Ú  I  T  I  Á  S
C  V  L  S  P  I  D  N  I  A  F  B  S  T  T
H  G  B  I  N  E  A  N  H  R  R  Q  P  S  Ó
T  L  O  O  N  T  R  A  O  P  M  M  Y  Ó  I
Á  I  I  R  A  I  R  E  A  C  H  E  A  Q  R
L  Ú  R  Á  E  E  O  T  L  D  T  L  Q  D  E
A  N  T  F  L  E  I  N  Q  H  D  I  Z  V  A
W  Q  D  P  I  Q  P  I  H  F  I  É  N  I  C
S  S  B  E  U  Y  F  É  J  R  U  B  O  B  H
N  J  E  J  C  W  D  P  Y  R  T  H  I  B  T
M  O  S  Q  U  I  T  O  V  I  I  L  S  A  H
```

ANNAMH	GLIÚ
TEICNÍC	BÉILE
MEASTÓIREACHT	CUILEANN
ÁITIÚ	DEARMAD
GAIRME	MOSQUITO
DTRIOBLÓID	DUAIS
TRÁCHTÁLA	AIREACH
PIORRA	NDÁIL
PÉINTEANNA	FLIPPER
ÓSTÁN	SIORÁF

Puzzle 60

```
X  E  I  D  O  R  C  H  A  U  R  L  S  L  G
T  Í  R  E  O  L  A  Í  O  C  H  T  C  E  R
B  T  E  O  F  L  M  C  S  I  C  B  R  A  Á
R  R  R  R  I  A  U  F  U  N  A  N  E  P  M
C  Á  S  Á  Y  I  S  V  B  D  E  F  A  A  H
Q  O  D  A  T  C  Z  X  C  I  S  R  D  H  A
A  J  L  P  G  A  D  L  O  Ú  I  M  R  T  R
T  N  V  Y  E  Q  Í  U  M  S  A  S  O  R  A
A  W  E  N  A  X  R  K  P  C  U  I  H  A  F
L  A  R  M  N  P  R  I  A  A  H  H  M  S  T
D  M  F  S  O  I  R  C  C  R  G  E  A  A  I
O  A  I  V  T  N  Ó  T  T  T  S  S  E  E  Y
C  B  A  Q  F  T  E  L  A  H  T  G  N  M  W
F  U  R  I  O  U  S  H  I  A  Z  E  V  V  Y
```

FUAIR	SUBCOMPACT
INDIÚSCARTHA	CÁS
LEAPA	DORCHA
CIALL	NEAMHORD
GEAN	FURIOUS
TRÁTAÍ	GHUAISEACH
SCREAD	CODLATA
GRÁMHARA	LÓIN
TÍREOLAÍOCHT	ANEMONE
CRIOS	MEASARTHA

Puzzle 61

```
A C Y O D S A R U T H S S F L
M H B P K C V O L E Z F V I Í
H O W A M R A D M H Á I L Ú O
A M G W D Ú O A E V N K L N N
R H W I F D C L B W Ó N A T A
C A U P I A X P J E K T B A D
L I E T L I A G N A E C Á S H
A R N T Á G C L Á R S F A I Ú
N E Í S E H C A E L I A S P L
N A L H N N A L L A T B Q M H
I M M Ú I R T I L S O S Z C M
L H I D H C A R H T A C H Y A
M P P N C N T R Í Ú M L F N H
D W W R T U I Z N S G A E L S
```

BALL
ADMHÁIL
CHINEÁL
CHOMHAIREAMH
VOLE
AMHARCLANN
SCRÚDAIGH
TRÍÚ
TURAS
CEANGAILTE

SAILEACH
CLÁR
IMLÍNE
TALLANN
CATHRACH
SHAMHLÚ
LÍONADH
LITRIÚ
VÓTÁIL
FIÚNTAS

Puzzle 62

```
T P B H M T W A F A J N E V K
A L O Í A H M A R D P L S P R
M H N X M A S A S A E T W P M
F E R A U I É N N I H C I A K
K L A K V T P R Y C F Z N R R
Q G T B M I P A E S Í G G R U
K G N O H N C I I F S S K O O
L I A T H R W T O C U V T T F
Y W S Y A Y A H C R I T H E C
U Z O U R E H C Á N G F Q Z R
B H C A E S I Ú H C M O R T I
I O N T A S H D Ú S H L Á N Z
G K S C A N N Á N N E A M H H
R É A L T A Í M S Y W R Z V J
```

TEASA	NEAMH
COSANTA	ANRAITH
DRAMHAÍOLA	CRITH
SWING	CÍSTE
INNÉ	TAE
WIGGLE	THAITIN
RÉALTAÍ	GNÁCH
DÚSHLÁN	TROMCHÚISEACH
IONTAS	MEABHRACH
SCANNÁN	PARROT

Puzzle 63

```
P  C  N  E  A  C  H  T  A  R  F  C  P  N  G
V  L  O  T  A  C  A  Í  O  C  H  T  O  N  O
R  J  É  S  S  E  I  L  F  L  J  G  I  E  R
Ú  I  I  A  T  N  A  I  T  I  O  C  N  U  M
T  K  A  F  S  R  E  U  N  N  Q  S  T  W  Z
R  H  S  L  H  C  A  D  Ú  L  H  C  E  R  Y
A  C  D  F  Á  Z  T  R  L  J  D  S  T  I  Z
E  A  U  T  T  I  N  H  L  H  A  O  I  S  J
G  N  Í  O  M  H  L  T  A  Q  E  X  K  E  J
I  N  Y  K  J  F  P  A  E  R  H  K  T  V  E
O  A  I  C  U  E  P  E  D  G  C  G  J  P  V
H  E  H  B  Í  H  D  L  R  Q  I  A  C  F  W
C  H  K  B  A  E  Z  V  I  Í  A  T  Á  R  P
H  C  A  H  M  A  D  A  A  M  D  U  J  T  O
```

SEILF	COS
GNÍOMH	POINTE
CHEANNACH	TACAÍOCHT
LEATH	RIALÁIL
ADAMHACH	DHÍBHE
PLÉASCTHA	CHLÚDACH
HAOIS	COITIANTA
AIRDEALL	DAICHEAD
GORM	NEACHTAR
PRÁTAÍ	CHOIGEARTÚ

Puzzle 64

```
O  S  C  E  A  N  N  A  S  A  C  H  V  Z  M
M  O  N  A  T  Ó  I  R  E  A  C  H  T  Z  X
N  X  T  D  T  E  A  G  M  H  Á  I  L  J  E
K  X  D  I  F  S  S  M  F  A  E  A  P  V  N
F  H  K  K  X  G  I  I  G  H  H  S  B  K  E
C  D  E  T  D  I  Á  S  Ú  H  T  A  N  I  X
C  A  N  S  C  X  E  T  D  F  I  E  D  B  D
O  E  I  S  C  X  S  E  R  O  L  N  A  Ú  N
N  N  Ú  T  H  I  E  T  O  K  I  I  I  D  R
D  I  L  A  H  T  O  Z  E  X  Á  Á  S  I  T
O  Ú  G  Ó  P  R  B  R  R  B  H  F  I  L  L
R  H  Ó  Q  F  U  P  M  T  C  C  D  Z  T  F
D  M  R  U  N  N  S  A  Z  A  N  L  C  P  M
F  J  B  T  A  K  D  M  X  Y  I  K  E  A  U
```

MHÚINEADH	TREO
MONATÓIREACHT	CEANNASACH
IN-ATHÚSÁIDTE	DÚR
ORDÚ	KID
DTEAGMHÁIL	INCHÁILITHE
TRUNK	PÓG
SCIORTA	CAITH
BRÓG	CONDOR
ÁINEASA	SIAD
FILL	GLÚINE

Puzzle 65

```
É M U C W M P I C T I Ú R J C
A H U N I Í N H B T T B A T H
D W E A L C O T O X Y H I D O
Ó D P P D H Y U L T X E S U I
C G U R C U G G I F N A Y C N
H F G Ú A Í H P Ú R S D P K N
A B E N T F F O H A L H T L E
S A D A C D R R C H Y I J I Á
A H C D B B K T Ó B Q P S N I
C M Ú S A E M Á D Á R I T G L
H H D B H P V N N O Í R I É L
C H U I R E A D H N M A G D K
T U A I R T E Á L A J S E C L
D E A R T H Á I R X R U O V W
```

LÉIRÍONN
MÚSAEM
CHOINNEÁIL
PORTÁN
MÍCHUÍ
WILDCAT
NAPRÚN
BHEADH
DUCKLING
DÓCHÚIL

GUTH
PICTIÚR
CHUIREADH
MUC
ÁBHAR
ÉADÓCHASACH
UIRLIS
SIAR
TUAIRTEÁLA
DEARTHÁIR

Puzzle 66

```
P D W K B H T B A N R Í O N I
C N B G E P E C O V M Y O Z A
M Y W H A I A Q Ó O L T Y E R
H R Y B G Z G I I I S N D Z F
D I V J N X H H W P R C R H U
I O S E A B L Í T S Z E O P I
E E F G C N A E S C I F Á I L
H R A H H W I S I Ú C R A L L
F M U X E J G A Y Y C A B S A
D I B M D I H E L P B X T H A
R M D F C H C A T A R B Ú Q Z
S R I V H C A T N O I C S G S
P O I N T Y K A H S Y O R F C
I A R R A C H T Z E I O A Y U
```

IARRACHT	FICSEAN
STÍL	POINTY
CÓIREÁLA	TÚS
SCOIL	SIÚCRA
CIONTACH	BANRÍON
BRATACH	BEAGNACH
SHAKY	IMREOIR
BUAF	FHEIDHM
DOFHEICTHE	TEAGHLAIGH
SOAPY	IAR-FUIL

Puzzle 67

```
S S E W X C T T J T A I E X E
N H M O Í R A N U X A O A A E
U Q E Q E N I I N M C M L D Y
A O S O C S I U N Q T A A P Z
A M A F L H C S C T K Í Í G U
I C H N N A R A I U D O O Q B
M S C N Ú L D Í Q M Z C N B U
S X A A S B S H O M G H T U A
E U R R O Á P U U C Ó T Ó I B
A I O P Í T K W A I H B I L N
R Y E O B X G B D C T N R L S
T C R I Á I N J I A Á I Ú E N
H Z T C N N O Í A T N O I H C
A V U A M A L O Í D G I R I S
```

IOMAÍOCHT
CHIONTAÍONN
DÍOLAMA
BÍOSÚN
RANN
TÁBLA
CHRÍOCHNÚ
IRIS
EALAÍONTÓIR
NUA-AIMSEARTHA

BUILLE
SHEOLADH
IARANN
TREORACHA
SEW
CAINT
LONG
GNÁTHÓG
RÍOMH
CRIÁIN

Puzzle 68

```
D D T O R N A P A P T H F P G
E L I E H P S I C H O E I E O
T U D S S N K X G O R R O I A
I I R Y P L F H P L T A N R A
W I N T N L X O H A H R N S I
Z Y Q N F P A E L I A G A I V
H F W D I W N C N T Í Ó C L G
Z Q S S B W L D E Í B F H D I
N W H Z M R R M U O H D T S O
C I N N E A D H U C Í U A I R
Q V H C O A L G S H D B N O V
U C I B S M P J C T V H A L E
M E Á C H A N Í F I U P G R M
O V N W C Ú N H M O A H C Ú Y
```

TORNAPA
BHÍ
FIONNACHTANA
PUIFÍN
GAILE
PHOLAITÍOCHT
TORTHAÍ
DUBH
PEIRSIL
TINN

FÓGRA
GLAOCH
NASC
CHAOMHNÚ
HOE
CINNEADH
IOLRÚ
CISPHEILE
MEÁCHAN
DISPLACE

Puzzle 69

```
N B Í A U G N V V J F S J É A
S K O I V A H T Á N G P C I L
A S G B F Q I R E A G A R G E
R H A Í R D H G I E W R X E I
P L I U G Y E W N A P W Q A G
T Q R F I A N N A E N Q U N H
C H A I L L E A D H A P V D E
B O Z U D C N P Q T J C B Á A
D R Á M A T Ú I L I M O H L S
C A I L L T E Z M L O K D A C
G Ú N A S Á B H Á I L T E X Á
C H L O I S T E Á I L J A C R
H N N L B Q E L G D J O C I T
I N C L I N E W Z V B V D W A
```

LEIGHEAS
FIANNA
CHLOISTEÁIL
CÁRTA
UAIGNEACH
CHAILLEADH
INCLINE
DRÁMATÚIL
WEIGH
ITHE

CAILLTE
GÚNA
ÉIGEANDÁLA
ÍOGAIR
GHRIAN
AIBÍ
WRAP
GNÁTH
SÁBHÁILTE
EAGAR

Puzzle 70

```
A H C A S Ú N U B R O L T Z M
T P Ó S T A S N K G B Á U W H
H F M Z N Z M N J E H M B E Ó
C O M P O R D A C H R H A T R
A T L X H M C N Y H A A I H B
E U A A R B H O L S I I S I H
N E C I M P T I F W T G T T E
I K A B T P F H N L H H E Q A
A H G R A H A M O K E Z R T L
T A E L R M Í O G T A A Ú E A
H W G V E Á H C A R N O S A I
C É A S C A I R R V N T A C G
O C O W B O Y D D O I X É H H
B X Y L R M Ú R M H A I S I Ú
```

TEACH	SONRACH
COWBOY	MÚRMHAISIÚ
BHRAITHEANN	PÓSTA
ÉASCA	BUNÚSACHA
TAITHÍ	BOCHTAINEACHTA
SÉASÚR	MHÓRBHEALAIGH
THIT	EARRÁID
TUBAISTE	COMHIONANN
DRAGONFLY	LAMPA
LÁMHAIGH	COMPORDACH

Puzzle 71

```
V  B  M  I  A  C  S  G  H  N  L  B  F  P  M
W  M  D  U  M  H  D  I  A  N  S  H  A  R  A
D  N  E  L  B  O  V  Q  I  I  I  L  R  A  I
X  T  F  C  Z  M  C  R  M  U  A  A  R  X  R
C  N  B  I  W  H  F  W  A  R  J  O  A  O  E
F  E  C  I  S  T  I  N  W  C  W  S  I  L  A
O  M  A  D  L  Í  O  D  Ó  I  R  C  G  A  C
R  T  W  T  A  H  B  H  A  R  A  B  E  D  H
A  R  Z  G  H  I  J  X  B  E  B  T  K  Y  T
O  O  F  S  L  R  S  L  V  Q  H  H  F  B  Á
I  S  U  C  Z  E  Ú  L  K  V  X  C  M  I  I
S  S  H  M  U  G  W  L  I  Ú  H  T  A  R  L
E  A  F  Y  T  I  Ú  R  A  N  O  H  M  D  B
C  H  I  N  N  T  I  Ú  Z  P  G  O  B  Z  V
```

TIGER	AIS
CHOMH	BAR
MAIREACHTÁIL	BHLAOSC
RATHÚIL	CRUINN
DLÍODÓIR	CEATHRÚ
LADYBIRD	FARRAIGE
CHINNTIÚ	MHONARÚ
ASSORTMENT	CISTIN
AISLING	CHEAD
SNAIDHM	FORAOISE

Puzzle 72

```
K  J  E  H  S  C  D  X  M  T  S  O  R  O  B
Z  Q  C  F  L  P  Ú  N  Ú  I  F  U  I  L  K
A  K  P  P  W  N  C  L  I  Ú  R  O  Í  F  D
S  T  A  M  P  A  H  T  N  A  S  A  E  H  P
Z  Y  N  G  U  T  A  O  T  L  I  É  B  C  C
R  A  D  H  D  V  I  O  E  Á  A  L  F  A  U
G  I  N  G  E  R  S  H  B  T  R  P  B  N  S
A  K  Q  N  B  E  K  S  T  Á  N  Y  C  Á  P
E  K  P  L  Z  D  U  O  L  C  F  Z  H  R  Ó
B  Y  U  E  I  U  E  W  A  S  N  K  O  A  I
L  N  E  P  J  O  U  I  Y  E  G  Z  N  Í  R
C  I  O  R  C  L  A  C  H  B  O  F  A  A  H
C  U  I  S  N  E  O  I  R  K  D  Q  I  S  G
N  E  A  M  H  R  I  A  L  T  A  O  C  V  Y
```

BEAG	FIÚ
CANÁRAÍ	CIORCLACH
ROB	PHEASANT
CUSPÓIR	BLIAIN
FÍORÚIL	PLÉ
MÚINTE	CHONAIC
SCÁTÁLA	DÚCHAIS
STAMPA	GINGER
SHOOT	CUISNEOIR
NEAMHRIALTA	LOUDER

Puzzle 73

```
G X T Q U R L A F Y Y M C D S
R E Y E Z T W Z I I Z I Ú U H
B N N T F S K R D N D T I A A
S T A R E L G N A D M T S L N
C R O T H A R O É J G E I G N
O C T H J G F D C D H N G A A
M E A N Q N M D I A T S H S D
H I Y M M U M N A U T Z I J H
A L O H E Y S Q E S C I Á L A
R C V P T L J A S I A H M O T
T L B L E A T H A N A C H G T
H C A I G H D E Á N A C H C J
A M Í R O K K R V S O T S U J
O A A Z F K B C V Q R Q X R P
```

SHANNADH
TOMHAIS
ROTHAR
LEATHANACH
CAIGHDEÁNACH
EILC
COMHARTHA
SEAICÉAD
DANGLE
AINM

SCIÁLA
MÍR
MITTENS
STARE
DUALGAS
CUID
STAID
CAMEL
CÚISIGH
MUMMY

Puzzle 74

```
M J F N T T C Ó F R A V H H E
U N H Ó E E R G R A G D Q O Y
I D C I N I I Í H B D F N A D
N C D M B S S R O U Z V N T X
Í H L É N I J I M C S I A H B
N A Z A T S Á F Ú E H M B C C
W X E D I L L O C I A A O A A
K N I G H T G Y S A N C T E B
F O I R M F S Z M J O T H R H
M A I T H I Ú N A I S R A I R
V G I O R R Ú C H Á N V I O A
B R E A K F A S T F C R G C C
P K O L J J P T U H O Z Q F H
Q M O T H Ú P R Ó I S E A S X
```

COIREACHTA	CABHRACH
BREAKFAST	BHÍ
CÓFRA	FOIRM
MAITHIÚNAIS	BHAISC
MOTHÚ	TEIRMEACH
COLLIDE	TOBANN
EISIÚINT	MUINÍN
KNIGHT	PRÓISEAS
FÁSTA	TRÍOCHA
GIORRÚCHÁN	NÓIMÉAD

Puzzle 75

```
I  T  K  G  C  V  F  D  R  P  C  A  O  P  T
N  E  V  I  E  Y  C  Á  A  Z  B  S  C  R  U
S  O  X  O  U  S  R  Ó  S  L  I  T  Ú  Í  R
W  I  E  R  B  S  A  A  R  A  T  Ú  I  O  A
W  R  S  R  U  R  H  U  M  A  C  A  N  B  M
O  I  Í  I  N  B  D  A  T  G  S  H  N  H  A
A  C  F  A  N  J  A  M  D  G  N  F  E  Á  L
J  S  I  Z  Y  K  R  C  R  O  C  U  S  I  A
C  H  L  E  A  C  H  T  A  D  H  A  A  D  R
V  K  I  S  H  I  M  P  L  I  Ú  O  R  E  T
C  M  E  M  H  I  A  S  M  E  K  N  A  A  A
R  S  T  H  C  A  E  T  S  I  É  A  O  C  C
R  N  K  U  Q  T  S  W  E  D  E  I  N  H  H
K  U  G  Y  T  E  E  T  A  L  F  R  T  O  F
```

ÉISTEACHT	MALARTACH
FÁSACH	CHLEACHTADH
AONAIR	PRÍOBHÁIDEACH
ARAON	CROCUS
SWEDE	TEILIFÍSE
CÓRAS	CÚINNE
SHIMPLIÚ	ASTÚ
RADHARC	MHIAS
TEOIRIC	BUNNY
GIORRIA	DALTA

Puzzle 76

```
I  N  F  H  E  I  S  T  Í  O  C  H  T  A  R
C  G  I  S  C  Q  K  I  M  Z  S  V  K  L  E
M  J  Q  Z  M  N  Z  P  G  B  N  S  I  H  A
D  C  B  J  V  E  T  I  N  I  A  K  T  G  L
H  U  X  I  K  F  A  R  G  W  O  B  T  J  I
C  F  A  M  A  C  H  I  R  M  Y  E  E  M  Z
A  A  M  A  M  Z  K  O  S  S  A  L  N  I  E
N  D  T  M  É  I  D  T  Ú  Í  S  O  R  N  C
O  W  Q  A  B  A  B  H  L  A  N  D  B  S  H
E  P  K  Z  G  N  J  Y  Á  Q  L  Y  I  P  U
D  Q  O  A  G  Ó  C  Z  F  Y  I  F  A  K  M
B  T  D  Q  E  R  I  A  H  M  O  Í  N  G  A
F  H  O  L  M  H  Ú  R  D  R  E  A  S  H  N
S  U  N  G  L  A  S  S  E  S  F  P  Q  W  Q
```

MÉID	BABHLA
KITTEN	INFHEISTÍOCHTA
MEAISÍN	GRAF
DEONACH	MAM
CHUMA	FÁLÚ
REALIZE	LASSO
GNÍOMHAIRE	SUNGLASSES
INITE	AMACH
FHOLMHÚ	FEOIL
CATAGÓIR	SORN

Puzzle 77

```
C  L  Z  M  Z  A  M  B  N  Y  N  M  R  M  X
Ú  K  R  Y  F  B  G  Y  I  Q  B  A  I  B  Q
L  Á  E  N  I  C  H  D  F  L  C  W  A  J  J
C  Q  C  L  V  O  X  G  I  Í  E  X  I  P  G
H  A  H  T  R  A  B  R  O  F  N  O  L  Z  N
I  V  O  I  H  M  U  S  S  T  O  E  G  V  N
S  L  S  Ó  F  U  U  V  G  J  P  T  Á  L  A
T  Y  A  U  I  L  E  W  N  R  X  C  K  I  E
E  R  I  O  E  P  S  U  I  P  É  A  R  W  L
A  B  N  W  U  S  I  X  T  D  Q  R  S  R  L
G  R  T  T  V  O  Ú  R  A  U  H  T  L  I  I
C  A  M  E  R  A  H  N  K  X  V  S  C  Q  A
B  R  É  A  G  A  C  H  S  M  Z  I  A  L  H
L  Ú  C  H  Á  I  R  E  A  C  H  D  N  I  C
```

DISTRACT
CAN
BRÉAGACH
SKATING
FORBARTHA
PLUMA
FÍNEÁIL
CÚLCHISTE
CHAILLEANN
CAMERA

FÓS
BILEOG
RIAIL
CINEÁL
THUAR
ÚIS
UILE
SUIPÉAR
LÚCHÁIREACH
CHOSAINT

Puzzle 78

```
N O Z L N O L C T C R V N R C
Q D M R N J N O Ú H R E A É R
R W Q N Á D Ú R T H A I K I A
Q V S L H E D Y H K N E E R D
C H O S M S H G C Q Z V P D L
B W C O A X G A A L Y A S D E
R P N W E F A C E L E S A E W
E J D S R Q L Y S O U C I R U
A W A L I A M S R Ó N E L F A
T Y U B Á C H U I D G N L R I
H H I X U X W R N X S D E O M
N C Z Q Y S R R C X H S H G H
Ú I L I Á C E B Z P S L B X A
C Q C T E Q F S Q E S F R Y P
```

MAIL
LAGHDÚ
SRÓN
FROG
WEASEL
CHUID
SAILL
BREATHNÚ
RÉIR
NÁDÚRTHA

UAIMH
CRADLE
AER
CRIED
CÁILIÚ
BUS
ASCEND
CHOS
ÁIREAMHÁN
SEACHTÚ

Puzzle 79

```
P  H  Í  T  R  I  Á  P  S  E  O  I  L  P  D
I  O  M  P  A  R  B  H  B  G  K  T  U  S  S
B  H  O  U  N  Á  T  N  A  I  R  T  C  E  N
F  G  R  R  Á  C  K  T  K  I  D  S  H  I  I
S  I  T  E  D  A  C  E  E  S  F  G  K  C  F
E  A  C  Y  Ú  S  O  E  P  A  E  A  I  H  F
A  N  L  H  R  R  R  K  G  I  P  D  G  E  N
C  N  Z  X  E  Ú  L  A  R  A  Í  O  E  A  E
H  A  X  A  Ú  C  D  C  C  X  O  O  T  M  Q
T  E  O  G  L  X  J  P  K  Y  E  P  R  H  N
N  D  R  R  L  O  E  U  F  W  J  U  X  A  O
G  N  P  X  E  D  O  C  C  I  W  J  Z  P  U
K  C  V  J  Z  R  V  M  J  M  M  J  W  X  G
O  T  R  P  A  Z  K  U  N  U  A  A  O  E  R
```

TRIANTÁN	ÚLL
SNIFF	LARAÍ
PÁIRTÍ	DEANNAIGH
KIDS	ERUPT
SEICHEAMH	LUCH
CÚRSA	SEACHT
TROM	CUPCAKE
ROCK	NÁDÚR
CAD	TEAPOT
FICHE	IOMPAR

Puzzle 80

```
F  L  N  P  M  N  L  V  X  C  B  C  W  W  G
V  P  N  Y  K  Ó  U  H  Z  E  Á  N  O  L  A
L  Ó  Y  D  V  F  P  T  F  G  E  N  I  I  O
S  C  R  O  I  P  L  V  M  D  P  D  A  I  T
E  S  O  O  M  D  X  K  D  E  I  E  N  C  H
A  A  R  U  B  A  R  K  J  D  G  D  C  U  H
S  E  M  T  O  O  T  H  P  A  S  T  E  T  Z
A  L  P  A  L  E  I  Í  S  M  S  Í  O  S
M  I  R  R  I  G  R  I  A  N  G  H  R  A  F
H  E  I  V  P  D  S  H  A  O  T  H  R  Ú  Q
X  T  O  C  H  T  E  D  O  M  H  A  I  N  T
O  F  E  H  F  J  Y  A  S  I  N  S  E  A  R
L  W  B  O  K  F  H  O  C  N  A  N  L  S  W
U  F  F  O  G  R  Ú  P  A  H  L  I  T  I  R
```

SHAOTHRÚ   LEITÍS
MOOSE   BEOIR
SINSEAR   FÓN
RUBAR   DOMHAIN
AMAIDEACH   SEASAMH
GAOTH   SÍOS
CÁNACH   GRIANGHRAF
LITIR   NUTMEG
TEILEASCÓP   OCHT
TOOTHPASTE   GRÚPA

Puzzle 81

```
C  B  B  T  I  S  T  I  G  H  M  D  N  I  U
F  O  L  É  I  R  I  G  H  F  P  D  O  D  I
K  O  M  Ó  I  R  T  N  A  R  D  Ú  L  I  B
E  Y  I  H  D  A  M  U  H  C  J  H  E  R  H
C  N  E  R  Á  G  V  B  Q  I  L  S  M  N  E
I  I  P  X  M  B  A  U  P  B  T  M  R  Á  A
P  K  E  G  T  L  H  S  V  Y  A  A  E  I  C
O  M  C  Z  E  E  E  A  L  Á  G  Ó  T  S  H
N  D  J  T  I  P  W  H  R  Z  N  D  A  I  A
L  E  P  R  D  I  L  G  N  A  H  E  W  Ú  O
H  Á  P  A  E  L  L  A  E  P  M  I  T  N  I
V  S  M  E  A  A  G  R  O  A  S  L  M  T  T
W  X  G  H  L  I  I  P  U  Q  U  Y  P  A  J
D  B  U  B  R  A  I  N  M  H  I  T  H  E  F
```

ISTIGH	BUN
TIMPEALL	CHUMADH
WATERMELON	IDIRNÁISIÚNTA
PRAGHAS	LÉIRIGH
TEIDEAL	ÓIR
BHEART	SAORGA
TÓGÁLA	HANG
LÁMH	COMHÁBHAR
FOIRMLE	ARDÚ
AINMHITHE	UIBHEACHA

Puzzle 82

```
T R Á C H T A I R E A C H T D
Q N G N Í O M H A C H V V J D
S Á C Ú T H A I L K X Y G D K
S H A M P O O T H A R C H U R
N T T W L U O G B N M F Q N J
I U F R E A G R A O M U D D Y
A R S L E A M H N Á N Q H B T
L S S Z N S T S C Z N P F I R
P Í U P É Y E U I E R S J O E
S H N G A J B D M D D D T L A
C F D C T É I L E A M H Y A S
Z H I L A U N L K D G B E I U
D X A D R O M C H L A H A R R
G F L B H A I N I S T I Ú Y E
```

FHÍS   SLEAMHNÁN
SUNDIAL   SRUTHÁN
NÉATA   SHAMPOO
BAY   PLAINS
GNÍOMHACH   ÉILEAMH
DROMCHLA   TREASURE
MUDDY   DESERT
THARCHUR   FREAGRA
BIOLAIR   BHAINISTIÚ
TRÁCHTAIREACHT   CÚTHAIL

Puzzle 83

```
S  D  T  S  I  O  N  A  M  O  M  R  B  D  B
S  W  R  R  A  É  T  S  I  M  I  L  S  D  H
B  I  I  O  X  O  T  H  A  R  L  H  D  V  E
K  R  A  B  C  J  I  C  U  P  W  G  T  E  A
C  S  G  R  P  H  N  R  H  K  G  O  H  I  L
I  A  A  U  T  G  B  I  S  É  A  G  E  D  A
T  R  B  E  R  O  F  H  P  E  A  D  A  F  C
H  A  K  Y  Y  L  I  K  É  Z  B  D  N  C  H
T  T  N  I  Á  E  P  S  I  A  H  T  A  O  V
F  Á  S  C  Á  T  H  Á  D  H  S  V  E  N  I
Y  L  J  O  E  M  M  G  U  S  T  A  H  A  O
T  P  T  H  A  G  A  N  N  Z  X  R  C  S  N
U  V  C  P  N  O  C  H  T  A  N  N  M  H  F
C  B  Y  D  H  Q  P  B  W  P  G  P  E  O  X
```

BAGAIRT
BARK
CHEANA
DROCHBHÉASACH
CONAS
SAOIRSE
NOCHTANN
THAR
LIMISTÉAR
ANOIS

GUST
CITH
THAGANN
PLÁTA
LOGH
CHÉAD
FADA
BHEALACH
SCÁTH-ÁDH
THAISPEÁINT

Puzzle 84

T	H	Ó	G	Á	I	L	H	T	S	H	E	I	N	N
B	O	H	H	C	W	G	C	S	Ó	D	A	T	H	E
N	Q	N	U	I	Y	M	A	N	C	G	J	N	L	A
L	R	X	H	I	R	R	S	A	P	A	N	B	F	M
T	B	T	D	T	M	Ú	A	F	Z	U	P	N	J	H
J	L	R	A	L	Á	I	T	H	R	E	Á	N	P	S
K	I	T	E	I	V	F	N	C	Ú	H	D	Í	P	P
P	J	F	N	A	C	R	U	A	S	T	R	H	O	L
H	E	P	N	B	Y	I	S	H	O	I	Ú	M	L	E
R	X	R	I	Ú	B	E	J	T	I	T	C	I	L	Á
Q	Z	Q	R	H	B	D	G	Ó	S	R	H	U	F	C
F	M	K	U	D	S	P	L	N	G	I	T	S	O	H
I	B	R	Ó	N	A	C	H	G	U	Á	A	C	C	G
D	É	A	N	A	C	H	G	T	V	P	R	K	Y	G

SUIM
DHÚBAILT
DEIRFIÚR
MHÍN
KITE
SUNTASACH
PÁIRTITHE
RINNEADH
DRÚCHT
DÉANACH

POLL
GNÓTHACH
PER
TÓG
THÓGÁIL
DATH
LÁITHREÁN
NEAMHSPLEÁCH
SIOSÚR
BRÓNACH

Puzzle 85

```
O Z M B P A R V M S K S Y F R
A Y E E S G H O I D A É R H A
J H X D R N C T B G B F O Ó B
Q D V G U A M O W L M H Í M H
P W U T T R A M A C Ú C F H A
B L O C H T U R C C P U U A I
T J L Í A C R U T W R Á C I D
L E T O M M O R H T O C I R H
N T D T C K G Í Q R L F K R V
N I U D A R H C A S Ú N U B C
R B M X Y E B P L C X O N M V
I I K Q J J S A T A R R A I D
C K T V G X F Ú I L I A H B Z
G W U J A B D D X N R Q M N B
```

BHAILIÚ
BITE
TEDDY
PÁIRC
BLOC
MOTEL
COTHROM
RÉAD
RANG
RABHAIDH

GHOID
CÚCAMAR
MARCAÍOCHT
SRUTHA
CRUTH
BUNÚSACH
IARRATAS
FHÓMHAIR
FÍOR
TURCAÍ

Puzzle 86

```
A J R I O E N H B Í R C S Z M
I F H Á G É E M I T I T U L E
R U D A K D T S D D C U A S U
G G A D R N R H Y L E C I N I
E T G L C Á Q A O C A L O I D
A T A L Z C G H G S K T O L B
D U E M N S C M E O A V R B U
A B R V Y A B A H U N I A O N
I E P K H E Z E C É I M G G S
S O S R L M W R I L J F N H C
R N H S Á R A D Ú U G Z A A O
B I M Y J G X I F A Q K K I I
T H M I O N T A C H R R J D L
M U R P Q U A C O U Z V K P E
```

AIRGEADAIS
TITIM
ÚDARÁS
BUNSCOILE
GOBLIN
MEASCÁN
CÉIM
TUBE
NICELY
CAIDREAMH

NDÉ
KANGAROO
THOSAIGH
CUAS
SPREAGADH
DRAGON
HIDE
SCRÍBHNEOIR
IONTACH
FHÁG

Puzzle 87

```
S  A  W  L  C  D  Í  A  S  C  A  T  A  S  M
O  O  V  W  A  T  N  D  I  Z  T  Q  I  S  Í
Í  C  C  O  L  C  F  K  Q  S  H  T  A  E  C
C  L  B  H  Q  T  H  U  E  U  C  Z  Q  A  H
V  I  J  D  A  U  Q  A  B  Q  A  E  P  N  E
A  S  J  I  J  Í  M  X  O  Q  L  H  D  A  A
M  T  C  A  O  I  G  H  I  R  L  T  O  T  R
P  E  K  G  G  R  A  N  D  M  A  I  M  H  T
I  Y  M  R  C  P  Z  S  R  O  E  A  H  A  X
R  H  D  A  E  N  N  I  H  C  P  M  A  I  W
E  V  T  H  Y  W  G  B  X  I  M  O  N  R  B
C  M  Z  M  X  B  J  B  Z  B  I  I  D  S  M
O  S  C  A  I  L  T  E  C  C  T  R  A  X  R
S  Í  O  S  P  A  R  T  A  C  H  T  A  U  L
```

TACSAÍ	LACHA
OIGHIR	CLISTE
ÍOSPARTACH	CÍOS
MÍCHEART	LUATH
AISCE	MHARGAIDH
TIMPEALLACHTA	GRANDMA
OSCAILTE	OWL
TRIOMAITHE	SOCHAÍ
SEANATHAIR	VAMPIRE
DOMHANDA	CHINNEADH

Puzzle 88

```
C U Í T R I Á H P N N A R G P
Q A R W H D A S A H C H T A H
E S I N I A B Z T H H H A F L
O F H L L N N A R H M O H C E
C A D T L X W Q Ú P T Y G F A
R G A H V T U Y N H Z H A G N
O L E C V S E F E A R G A C H
Í E S A E O I A Z E L H Y Q C
A O I E R Z W R N K Z E Y S A
S N R M V G C R X A S F A S G
N O B I A U A W X R S H Z M H
O S P E I C I S U J V A X R H
I S Y B O G A D H R I Q D O Z
C E A P A I R E J O L V A W P
```

IMEACHT
PHLEAN
CAILLTEANAS
GACH
LEAMH
BRISEADH
RANNPHÁIRTÍ
SPEICIS
CEAPAIRE
IONSAÍ

GEARGA
LEON
CROÍ
BOGADH
WORM
CHOMHRANN
ATHCHASADH
BAINISE
PATRÚN
FEARGACH

Puzzle 89

```
T  M  K  E  T  Á  L  A  I  N  N  A  N  U  A
U  I  T  M  O  U  C  R  O  G  A  L  L  A  P
Á  S  W  K  B  C  R  G  F  G  H  A  C  T  O
I  E  R  I  A  U  H  R  H  B  V  S  O  H  S
L  R  A  I  N  T  Í  N  A  J  Y  A  M  O  T
L  Y  H  R  U  H  C  N  O  I  B  U  H  I  C
E  S  T  G  N  C  D  S  H  Z  N  A  A  B  L
S  P  R  A  K  A  N  T  T  F  X  G  I  R  K
U  É  A  L  U  L  P  Y  R  O  N  H  R  Í  R
O  I  G  A  E  Ú  C  R  A  N  C  T  L  O  Ú
L  R  A  R  I  S  I  H  Y  Q  Q  A  E  C  N
B  C  E  B  C  G  G  J  I  C  N  K  Í  H  A
S  U  R  M  C  A  L  W  I  C  W  I  V  L  Í
S  J  F  K  I  É  C  T  K  C  K  Z  J  Y  Q
```

TURRAING	UATHOIBRÍOCH
MISERY	UASAL
STOCAÍ	POST
AINTÍN	IONCHUR
GALAR	BLOUSE
TUÁILLE	RÚNAÍ
FREAGARTHA	HUAIRE
COMHAIRLE	CROGALL
ÁLAINN	CHICK
ÉAGSÚLACHT	SPÉIR

Puzzle 90

```
D J C S J C G D R B S C J B W
O E H C J Q D E Ú V L R V R G
C R A A Z S I D S D G U K O F
H K I M Y Z J I A O A A Ú N F
T E T A V M I C C H E R T N N
Ú D H L A L L A B W O N S T L
I T E L O I V T R I O T O A Á
R O A G Z L C E W J Q C H A N
B N M B G N I A T N U O F A Ú
W O H N M T P M I A N W B I I
D R O I C H E A D L O K A S N
T R D U I L L Í N W Í X T W O
T O G H C H Á I N B M N A P U
W P G O V Y P H E K X C S Q I
```

BATA	DEDICATE
LÁNÚIN	TOIRT
BRONNTANAIS	CHAITHEAMH
DROICHEAD	CAILÍN
VIOLET	CRUA
SCAMALL	FHOSTÚ
ÚDAR	DOCHTÚIR
SNOWBALL	JERKED
FOUNTAIN	DUILLÍN
TOGHCHÁIN	CASÚR

Puzzle 91

```
X  M  D  S  C  S  O  H  C  B  R  D  N  C  S
X  Q  T  N  U  A  T  D  X  O  N  C  H  A  Í
Ú  S  Á  I  D  R  O  I  M  K  Y  H  O  U  O
D  D  B  N  R  C  M  A  Ú  M  B  O  Z  C  C
C  E  Z  X  N  O  P  V  R  R  V  I  T  I  H
H  A  T  A  E  L  Í  M  V  D  T  C  Z  E  Á
O  T  O  S  U  N  S  H  I  N  E  H  C  A  N
B  A  T  A  I  G  H  D  E  U  Q  H  Ó  D  T
A  I  B  I  I  S  Z  Q  N  N  A  Q  N  I  A
I  G  S  T  Á  I  T  D  P  N  V  Q  B  U  R
R  H  T  H  C  O  Í  A  L  O  E  H  T  I  B
F  H  Í  R  I  N  N  E  O  Í  A  S  A  L  E
T  K  S  U  P  Y  G  M  H  M  Y  L  R  Y  G
R  A  T  P  A  C  A  E  L  I  É  H  V  T  W
```

COYOTE	DLÍ
CHOSC	TAUNT
FHÍRINNE	ÚSÁID
OBAIR	STIÚRTHÓIR
MÍLEATA	STÁIT
SÍOCHÁNTA	SUNSHINE
DEATAIGH	ASAL
TAIGHDE	BITHEOLAÍOCHT
NACH	OCRAS
HÉILEACAPTAR	IMÍONN

Puzzle 92

```
L E I C T R E A C H A F E X S
H D I E B A T S Á S Z Í X C P
C A R A C H T A R I L O E S I
A D T T A T L Á R O M R F G D
N X J E M P S G G N M A B É E
Á Z H N N A N A É H D S E A O
H D H M A E N H M I U C A R G
C T H P M H D X S J Y M L C A
Ú E F A P C G O N C Q G A H R
H A Á R O N V L A J Á U P É Y
T C I U O I P Y E Z I T O I Y
O H N T K A N P S J U X H M I
H T N M T S F E Y E H E Y E J
M S E Y V A K F I O N N U A R
```

FÍORASC
GÉARCHÉIME
FIONNUAR
SPIDEOGA
MHOTHÚCHÁNACH
EALA
CARACHTAR
DHAOINE
DHÉANANN
BEIDH

CUIMHNEAMH
SÁSTA
SAINCHEAPTHA
MORÁLTA
TEACHT
SEOL
FÁINNE
SCÁTH
SEANS
LEICTREACHA

Puzzle 93

```
N B Z U P Y C Í A T S O F R P
T E G L F K U E A B I E V S H
R R A D Ú P P Y Q Ú N H G O R
Ó S B M R R I L J W S D R B W
P C R D H M D S Y K E E A H M
A A I I S S B B Z R A L O I I
I O Ó Ó O L P G W W R A E F L
C I H M U L I L Q S A S I N L
E L T O K I L S E G C W W N I
A E R Í S A J M E Á H P Y D Ú
C A R L K M H J H A C G C O N
H D A X B A E P T Ó N H R F P
X H I D E T N Q F Z R N A K E
U X U Q O G L O I N E L A S X
```

LÍOMÓID
TRÓPAICEACH
FOSTAÍ
TAMAILL
SINSEARACH
IARRTHÓIR
PÚDAR
BEO
MILLIÚN
OLLMHÓR

SCAOILEADH
SLISEANNA
GLOINE
SIN
IOLAR
ROGHNÚ
RÍS
NEAMHSPLEÁCHAS
FEAR
CUPID

Puzzle 94

```
R  S  B  R  I  S  T  E  L  P  B  M  S  U  B
X  H  C  O  M  P  L  I  M  E  N  T  A  R  Y
P  O  A  P  G  A  L  L  O  P  E  O  L  F  B
I  I  D  Á  B  I  Q  B  H  L  X  A  B  N  N
M  L  I  O  M  Z  Q  N  W  S  V  G  S  P  P
O  É  A  M  L  A  M  Z  Z  M  O  S  M  T  Y
I  I  R  B  A  L  U  A  C  H  T  A  R  Á  N
B  R  C  N  E  A  M  H  I  O  N  A  N  N  A
R  I  H  C  A  E  S  R  I  U  T  S  O  D  A
I  Ú  U  I  G  B  L  Á  T  H  A  N  N  A  L
Ú  L  R  M  Í  C  H  Ú  R  A  M  A  C  H  T
O  A  T  N  A  É  D  S  A  H  C  A  E  S  P
Q  T  H  C  A  E  N  Í  N  I  U  M  T  S  D
Y  Q  A  R  A  I  D  I  Ó  K  T  É  I  P  Z
```

SEACHASDÉANTA
DOLL
BLÁTHANNA
BLAS
TÉIP
COMPLIMENTARY
RAIDIÓ
UACHTARÁN
NEAMHIONANNA
EAST

SODA
BRISTE
GALLOP
MUINÍNEACH
BÁD
IMOIBRIÚ
SHOILÉIRIÚ
TUIRSEACH
MÍCHÚRAMACH
IARCHURTHA

Puzzle 95

```
L  R  S  D  Y  S  H  Í  L  B  H  A  I  N  T
E  U  A  I  L  L  M  H  I  A  N  Z  T  F  P
A  N  Q  I  Á  D  E  I  R  E  A  D  H  X  A
T  N  D  K  N  G  N  D  L  Q  J  C  P  S  I
H  C  A  T  H  C  A  H  B  Á  H  T  Í  R  N
A  R  Y  L  B  A  T  I  R  R  I  R  Ó  L  F
D  Á  K  P  N  F  G  B  O  O  U  I  T  J  U
H  T  B  O  T  H  C  O  Í  A  H  T  O  R  L
J  A  D  B  G  F  B  T  S  H  N  F  Z  X  L
Z  Y  H  A  T  I  O  N  S  C  A  D  A  L  Y
B  Y  N  I  T  R  A  E  M  N  F  L  M  K  S
Q  Y  S  L  L  Ó  I  T  N  O  E  S  H  P  N
L  U  G  G  I  M  B  Á  R  Í  Y  D  D  R  S
D  I  Ú  L  T  A  C  H  P  F  M  F  E  I  N
```

MEAR	FÍONCHAOR
UAILLMHIAN	LEATHADH
GÁIS	IRRITABLY
RÁTA	TIONSCADAL
PÁIRT	DEIREADH
POBAIL	MÓR
NAOI	RÍTHÁBHACHTACH
BHAINT	RÓL
DIÚLTACH	ROTHAÍOCHT
PAINFULLY	SHÍL

Puzzle 96

```
W  K  R  W  C  K  O  L  Z  A  B  Z  B  B  P
Y  M  P  U  H  M  A  N  G  R  U  T  U  A  I
M  Z  V  W  C  T  K  T  M  L  F  S  N  S  S
V  Y  Q  N  A  A  S  S  A  H  I  M  R  E  E
M  M  G  M  E  L  I  E  P  L  N  J  A  B  A
C  R  I  Ó  T  L  O  Í  D  K  L  N  N  A  N
E  Í  D  L  R  O  R  D  O  N  N  A  G  L  N
A  O  U  I  I  Y  B  E  A  C  A  L  N  L  A
R  M  A  Á  Ú  S  Ú  T  S  L  Z  O  C  N  X
T  H  L  C  T  U  M  X  G  Á  Q  J  I  P  P
U  Á  G  Á  N  M  A  G  Ó  R  R  O  B  S  Z
I  H  A  B  O  L  Í  O  M  Ó  I  D  R  E  D
H  F  S  M  C  I  M  J  X  Y  T  H  R  R  X
C  H  O  M  H  A  I  R  E  A  M  H  F  U  B
```

MILIS
ÍOMHÁ
AOIS
DONN
CONTÚIRTEACH
DÍOLTÓIR
BUNRANG
BÁCÁIL
TURGNAMH
PEILE

BASEBALL
CEART
BORRÓGA
PISEANNA
TALLANN
CLÁR
CHOMHAIREAMH
TÚS
DUALGAS
LÍOMÓID

Puzzle 97

```
V Q D D B L W C Z P N B C C L
A I R E J U X R G K Á I W H C
V S A S L G R J Ó O I T M O K
F P G C Í N E R R R S H T I X
J Í O E R O A D A N I E O L C
X N N B U G E I F Ú O U E A
D Í A D I K D A C B N L S A R
C U J A O U Q S I A T A I C I
H L A É H B I E L R A Í É H B
D N O I T I D E P X E O S D O
H M Z M S I O M L Á N C O W U
A T H C A E D I U C M H C L K
S D A U E E R U P T U T K E W
Z I Q Q F S E A N G Ú N G F N
```

CARIBOU   SEANGÚN
LEIBHÉAL   DESCEND
SOCK   EXPEDITION
CHOILEACH   ISPÍNÍ
CUIDEACHTA   DUAIS
IOMLÁN   ÍOGAIR
DÉANFAR   ERUPT
NÁISIÚNTA   DRAGON
CIARÓG   BITHEOLAÍOCHT
OIBRÍ   EAST

Puzzle 98

```
T P J G Q E D H G S O C T G Q
F O J E Z D R U O T P U U L Y
U G O Z D H Ú G V R E I K Y J
I E L T E H C A M A N M R B L
N A O C H S H L O N E I S U Í
N N C H B B T P P G R L N B C
E S H E I D R R I E J T W H H
O A Á A É Y U U K S L Y B E O
G Í N P L Á F T S T T P M N S
U Z T A S E K W Z H C V B N A
U C U D P M C D Ú S H L Á N I
L D C H D H E A R B H Ú P A N
D V J B L A S S O A N L P R T
H A P P I E S T X R Z V B C B
```

OPENER
LOCHÁN
SLÉIBHE
CUIMILT
STRANGEST
SUÍ
CRANN
HUG
DHEARBHÚ
TOOTHBRUSH

FÁL
GEANSAÍ
HAPPIEST
CHEAPADH
FUINNEOG
DÚSHLÁN
AMACH
LASSO
CHOSAINT
DRÚCHT

Puzzle 99

```
V  Y  G  V  K  C  E  O  C  H  A  I  R  O  C
C  J  N  I  Á  H  C  H  G  O  T  J  F  I  I
P  E  I  W  X  L  C  A  M  K  C  A  E  F  S
N  W  D  S  F  Ú  J  T  C  F  T  P  E  I  P
G  B  D  Q  X  D  A  T  S  Ó  P  M  F  G  H
S  K  I  H  D  A  C  R  A  E  D  A  Ó  E  E
Q  U  K  N  S  C  D  O  N  J  A  T  S  A  I
Z  Q  K  Y  S  H  M  X  S  I  L  S  A  C  L
D  I  F  R  Í  O  C  H  T  Á  Y  V  A  H  E
Q  W  I  L  D  C  A  T  R  L  N  K  T  M  Q
D  O  B  H  A  R  C  H  Ú  P  I  C  S  E  H
S  E  A  C  L  Á  I  D  E  I  H  E  Á  C  D
Z  G  E  N  L  G  Y  R  Z  V  S  N  F  G  I
M  O  N  A  T  Ó  I  R  E  A  C  H  T  H  R
```

DIFRÍOCHT
EOCHAIR
COSÁN
DOBHARCHÚ
SHIN
KIDDING
OIFIGEACH
DEARCADH
SEACLÁIDE
CHLÚDACH

MONATÓIREACHT
WILDCAT
CISPHEILE
NASC
PÓSTA
STAMPA
FÁSTA
FÓS
SEASAMH
TOGHCHÁIN

Puzzle 100

```
Z  R  S  V  S  T  L  N  O  C  H  T  A  N  N
O  É  U  A  P  H  U  E  I  B  K  E  X  N  I
A  I  N  N  É  C  U  A  A  G  X  G  A  I  G
U  M  D  R  A  A  P  A  R  N  W  I  O  S  I
X  S  I  A  C  N  Q  A  S  A  B  U  A  T  É
F  E  A  I  L  N  H  R  S  D  S  H  S  I  K
T  M  L  T  A  A  S  O  A  P  Y  C  V  G  C
F  E  F  H  Í  E  U  K  C  O  Z  X  Á  H  I
I  T  I  B  Q  B  S  G  C  U  C  Q  I  I  U
R  V  O  D  S  H  A  O  T  H  R  Ú  O  X  L
E  P  Y  W  E  G  U  R  I  B  A  A  N  K  S
M  U  U  P  I  A  L  F  U  U  E  U  S  A  F
A  Y  H  O  A  I  L  G  R  D  C  J  A  N  F
N  A  M  A  I  D  E  A  C  H  W  B  Í  I  X
```

BEANNACHT	SOAPY
CHUIGE	DUBH
SPÉACLAÍ	FROG
LEANBH	AMAIDEACH
FIREMAN	SHAOTHRÚ
RÉIMSE	TEIDEAL
TUARASCÁIL	ISTIGH
CEARC	SUNDIAL
ÉIGIN	NOCHTANN
ANRAITH	IONSAÍ

Puzzle 1

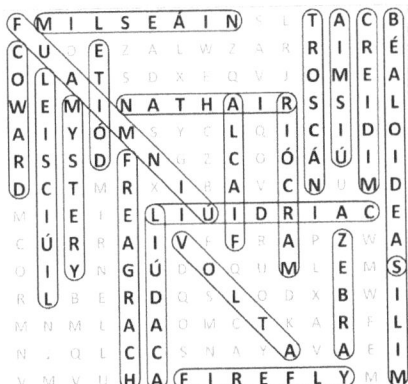

Puzzle 2

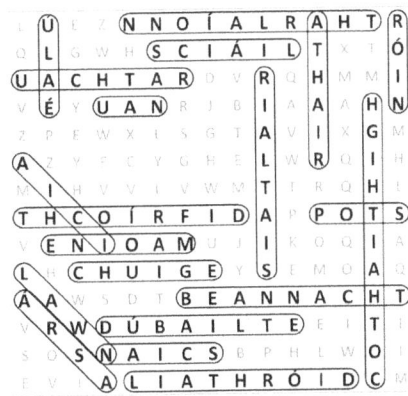

Puzzle 3

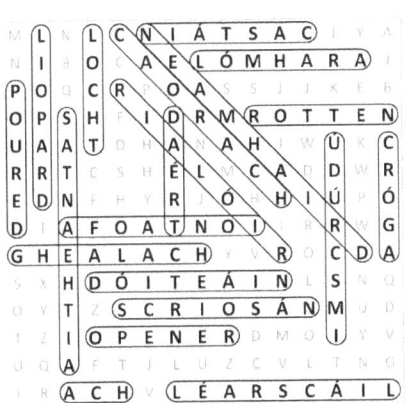

Puzzle 4

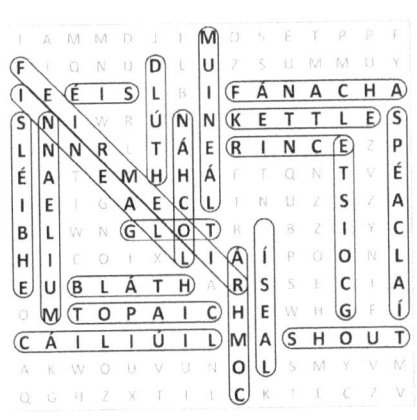

Puzzle 5

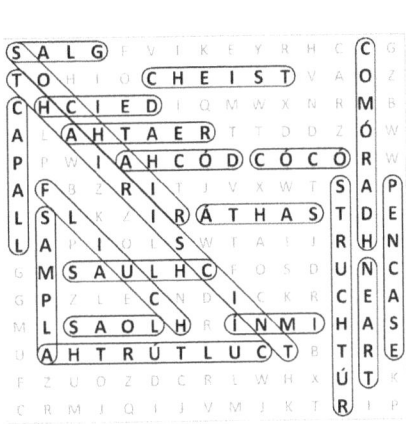

Puzzle 6

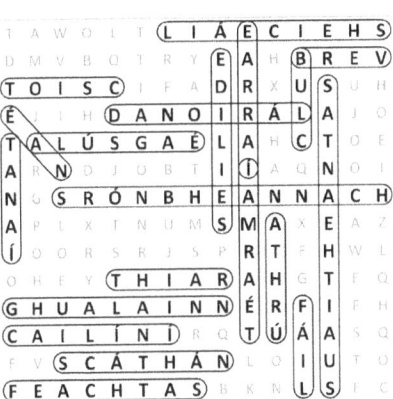

Puzzle 7

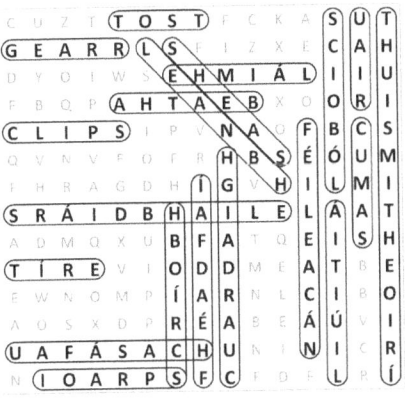

Puzzle 8

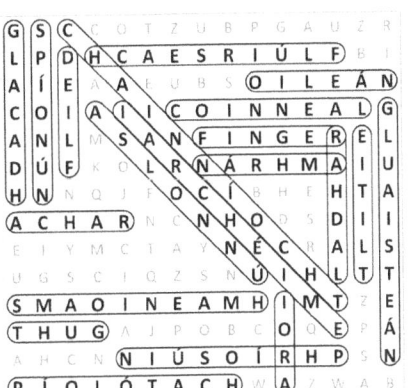

Puzzle 9

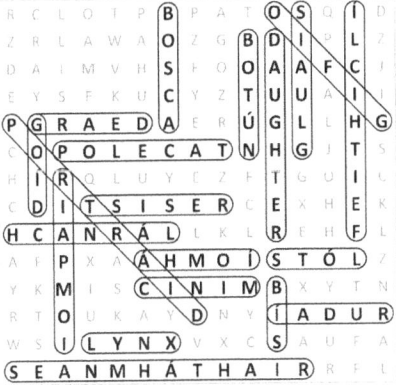

Puzzle 10

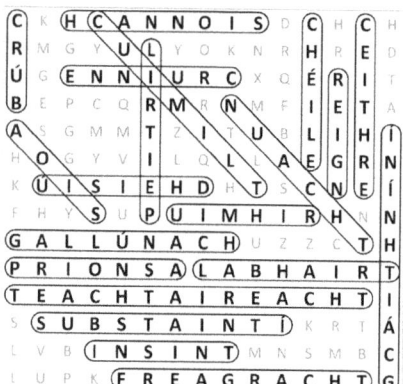

Puzzle 11

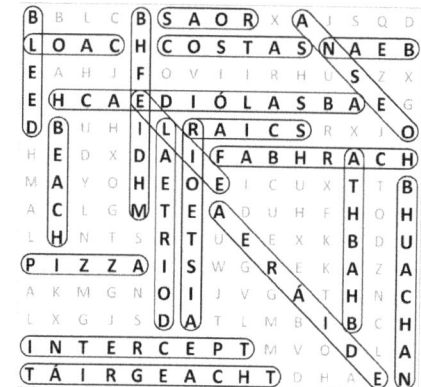

Puzzle 12

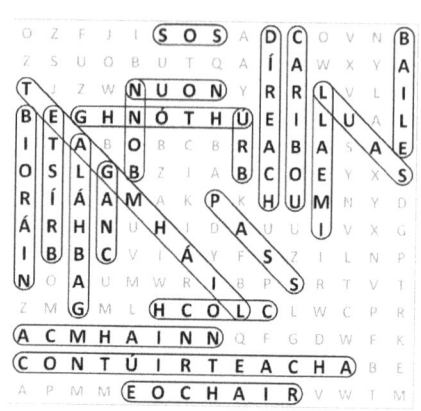

Puzzle 13

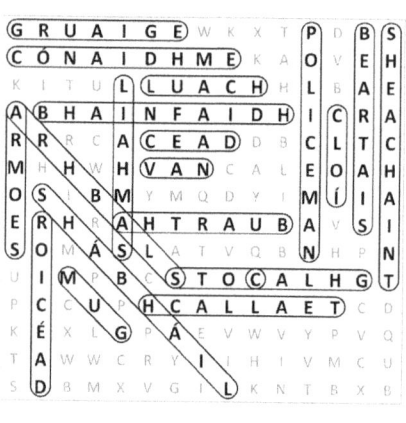

Puzzle 14

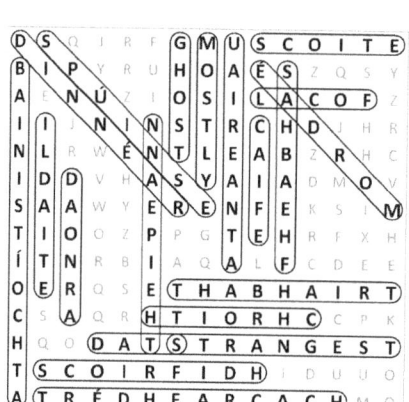

Puzzle 15

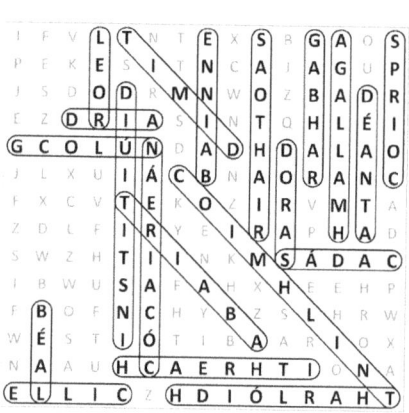

Puzzle 16

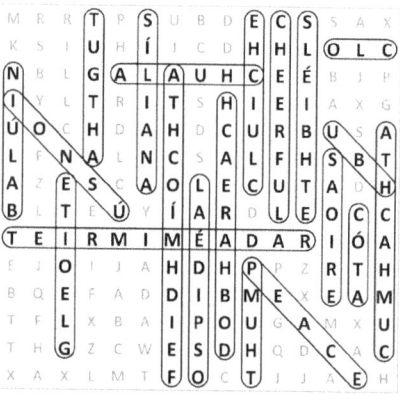

Puzzle 17

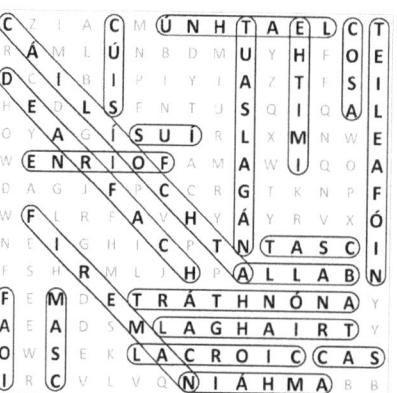

Puzzle 18

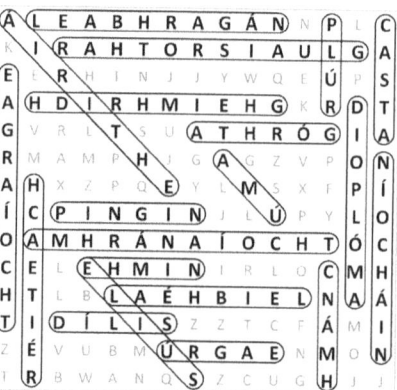

Puzzle 19

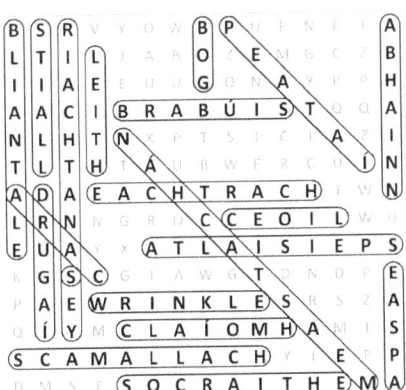

Puzzle 20

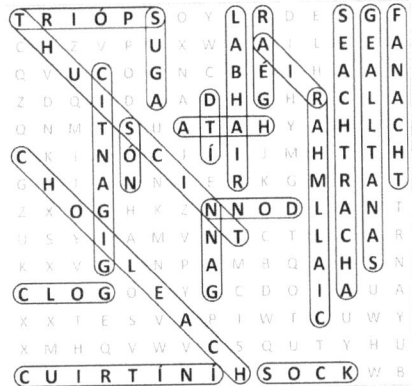

Puzzle 21

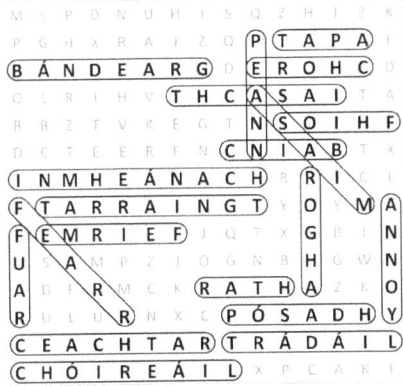

Puzzle 22

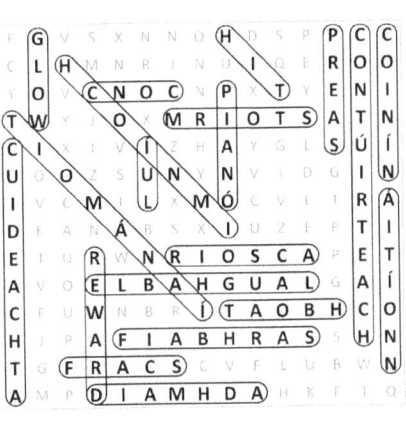

Puzzle 23

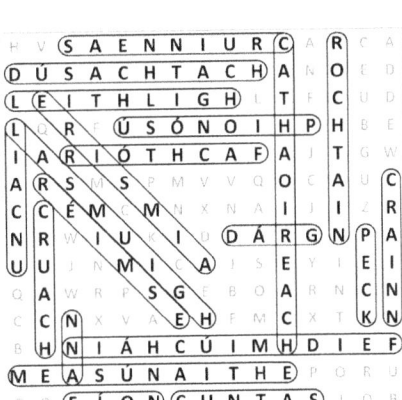

Puzzle 24

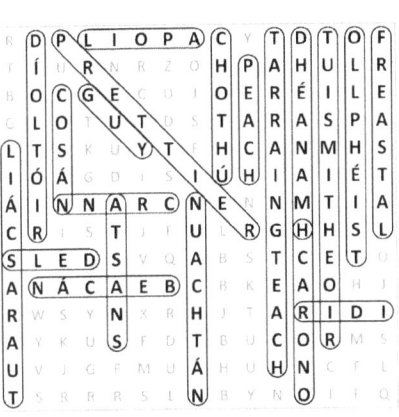

Puzzle 25

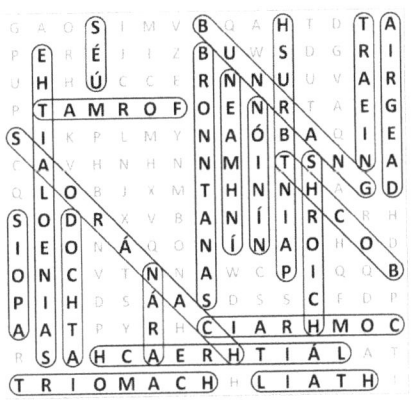

Puzzle 26

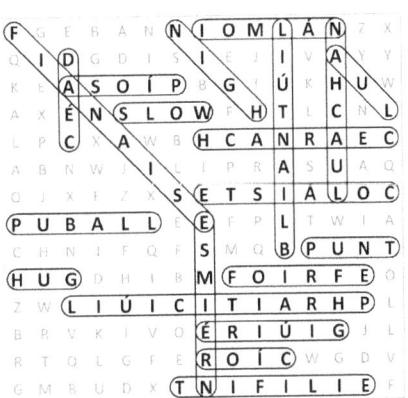

Puzzle 27

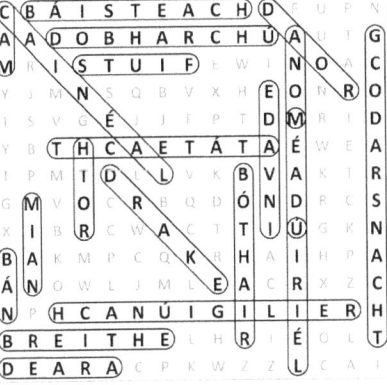

Puzzle 28

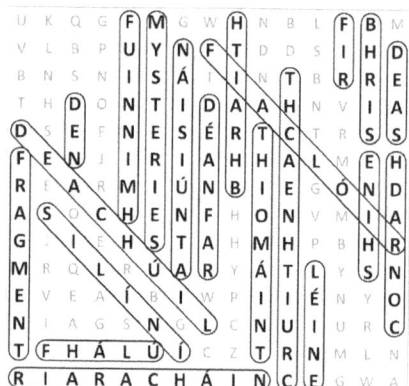

Puzzle 29

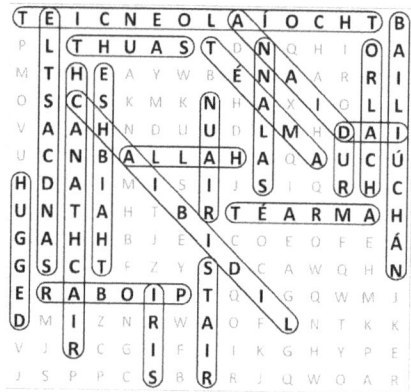

Puzzle 30

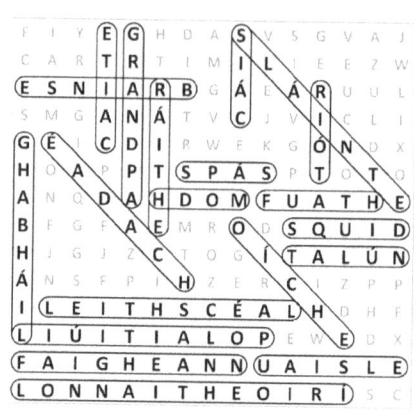

Puzzle 31

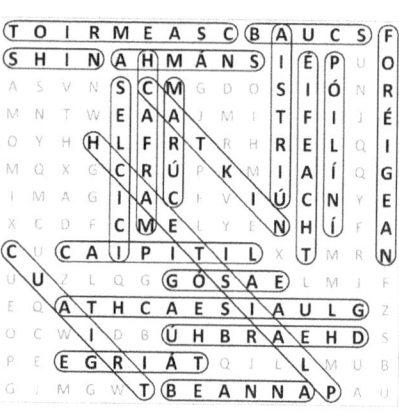

Puzzle 32

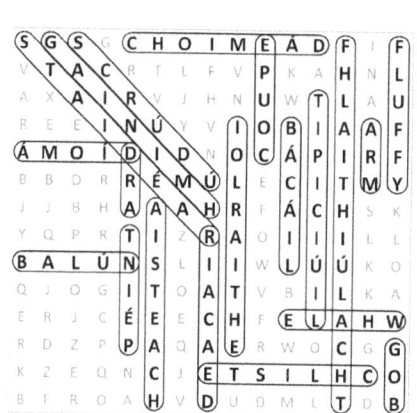

Puzzle 33

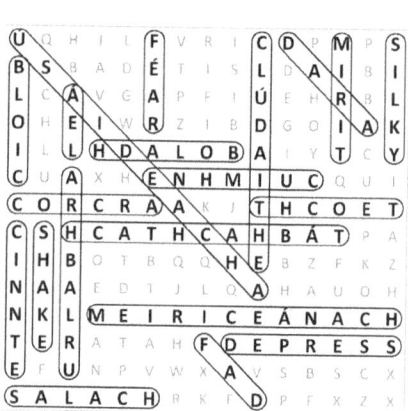

Puzzle 34

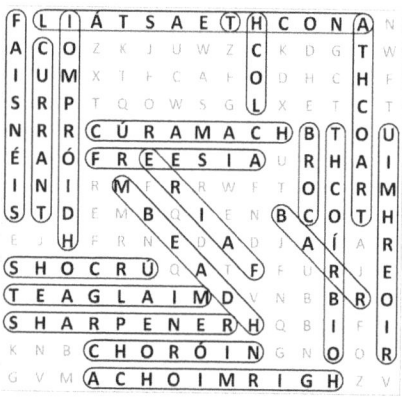

Puzzle 35

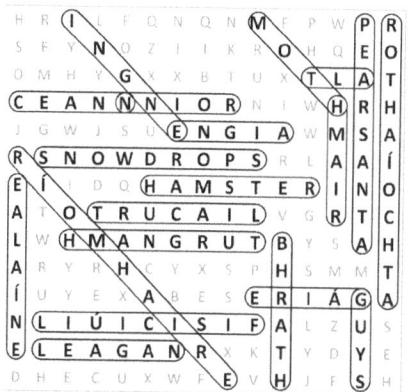

Puzzle 36

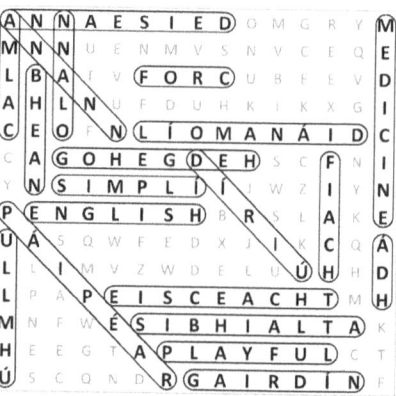

Puzzle 37

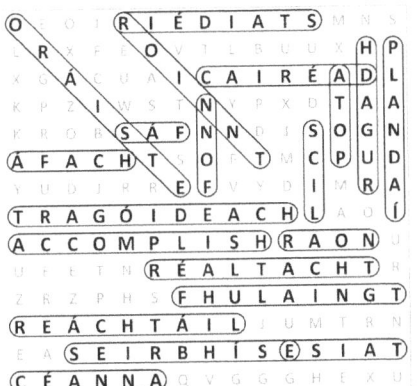

Puzzle 38

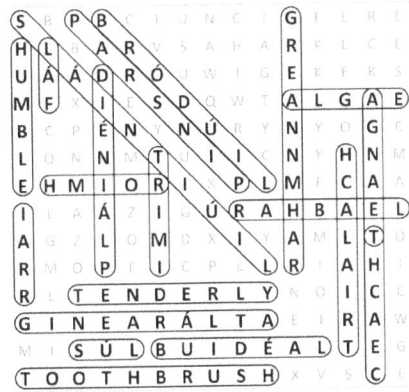

Puzzle 39

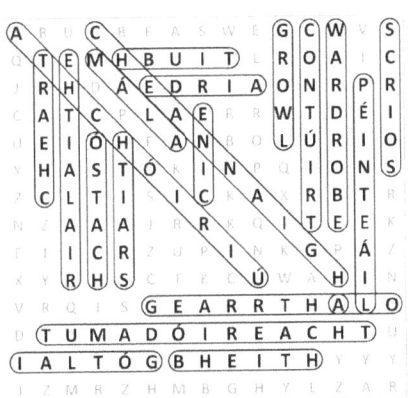

Puzzle 40

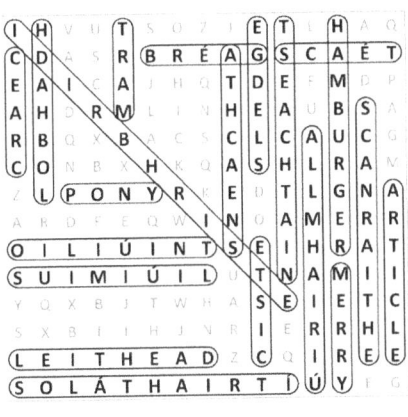

Puzzle 41

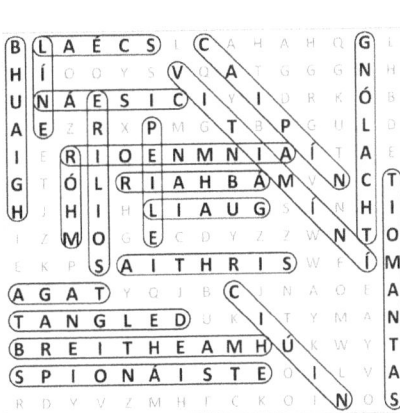

Puzzle 42

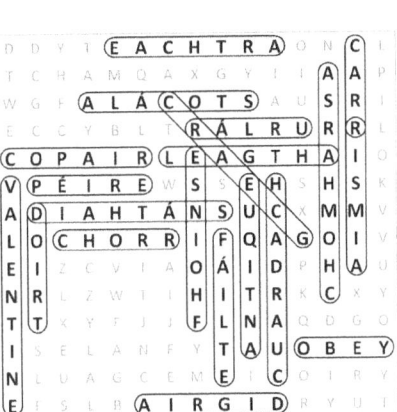

Puzzle 43

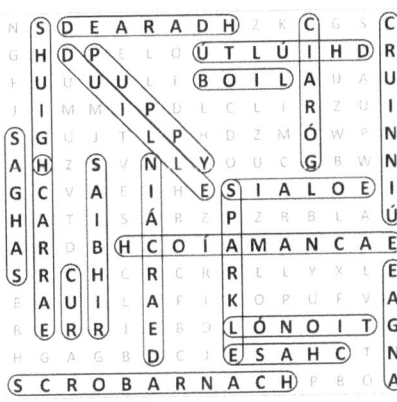

Puzzle 44

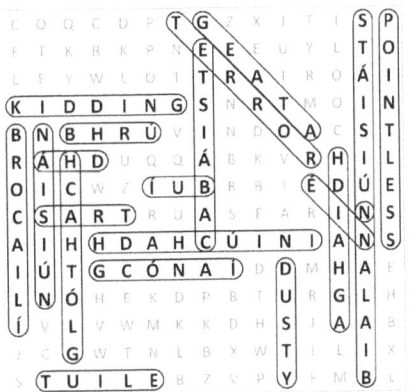

Puzzle 45

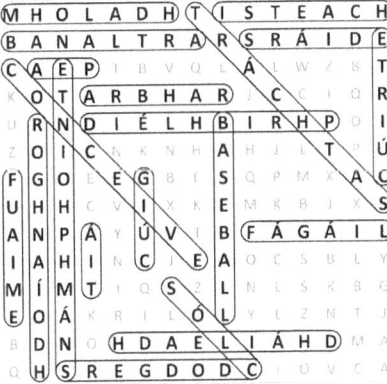

Puzzle 46

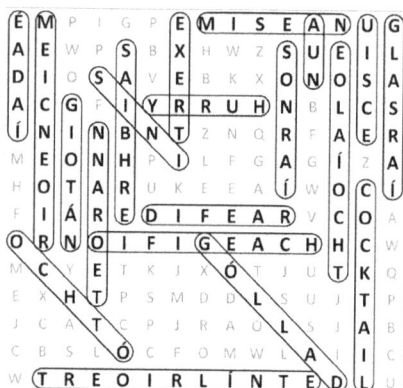

Puzzle 47

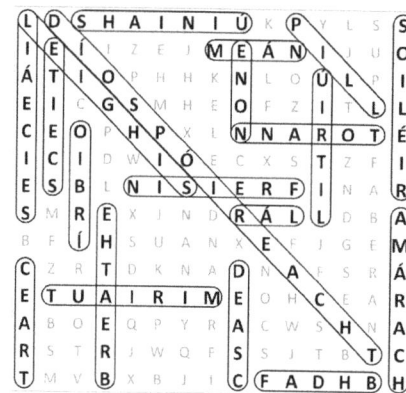

Puzzle 48

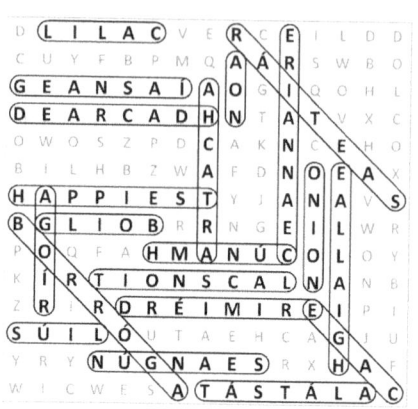

Puzzle 49

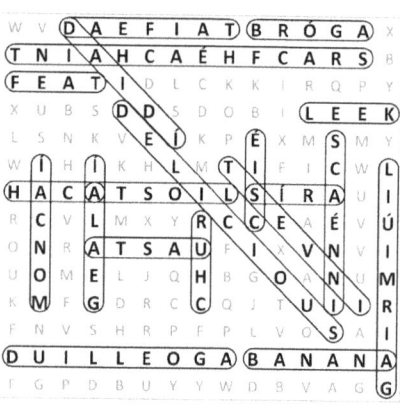

Puzzle 50

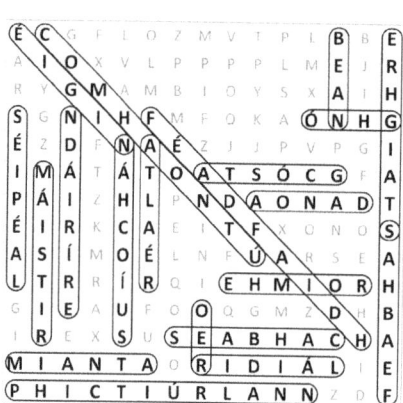

Puzzle 51

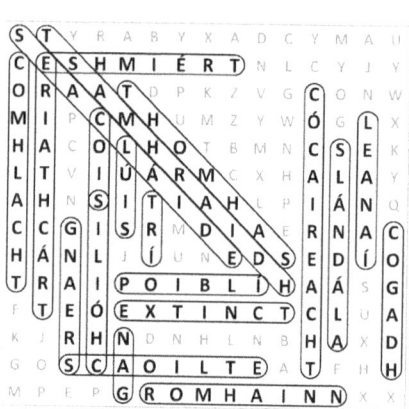

Puzzle 52

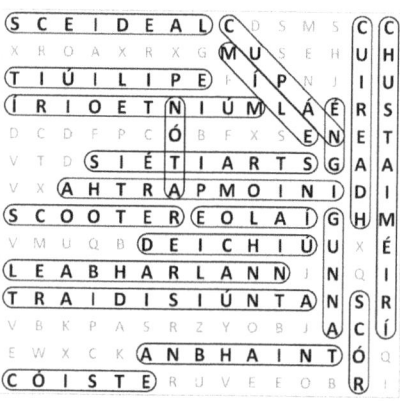

Puzzle 53

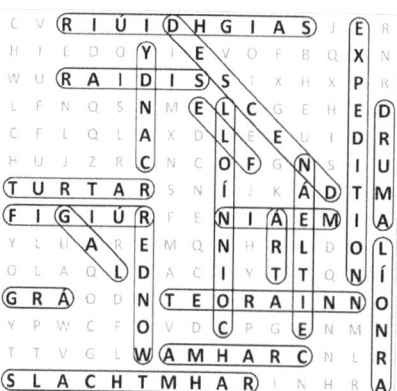

Puzzle 54

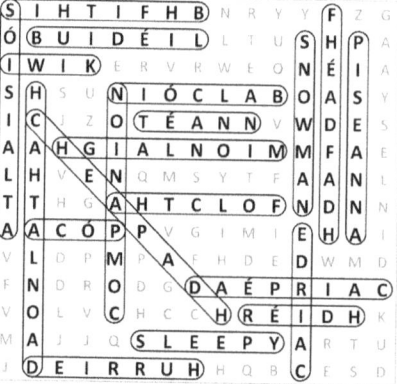

Puzzle 55

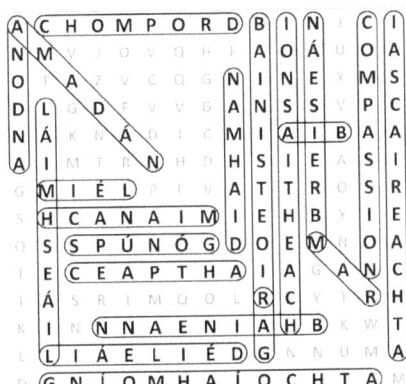

Puzzle 56

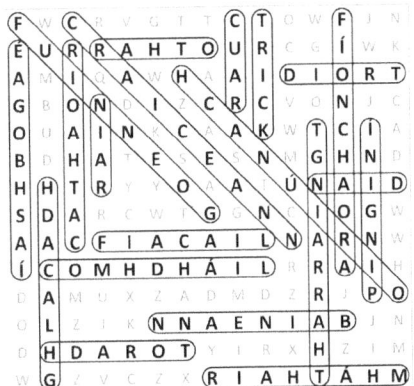

Puzzle 57

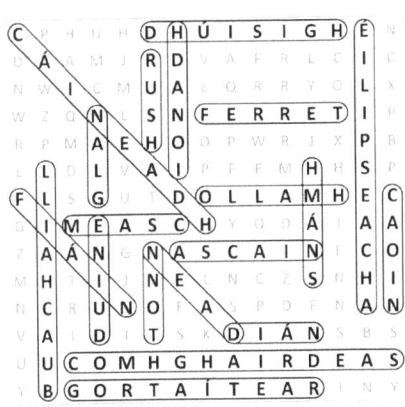

Puzzle 58

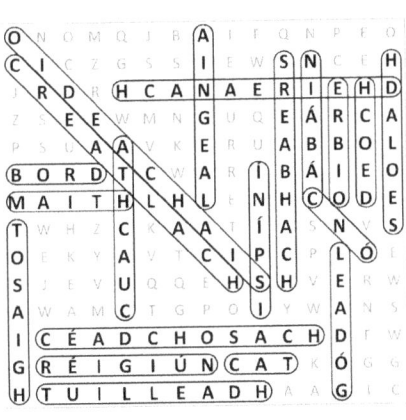

Puzzle 59

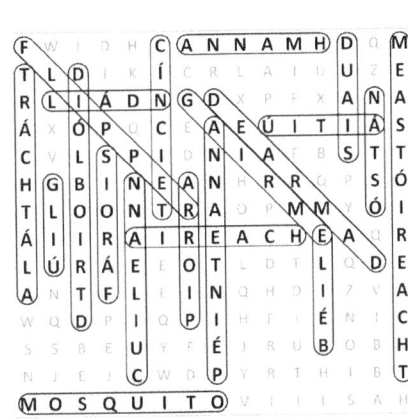

Puzzle 60

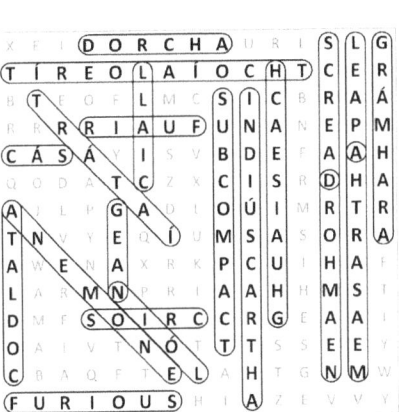

Puzzle 61

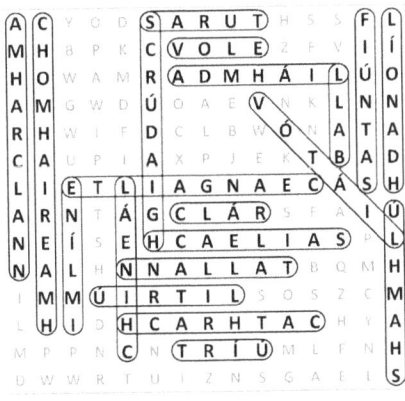

Puzzle 62

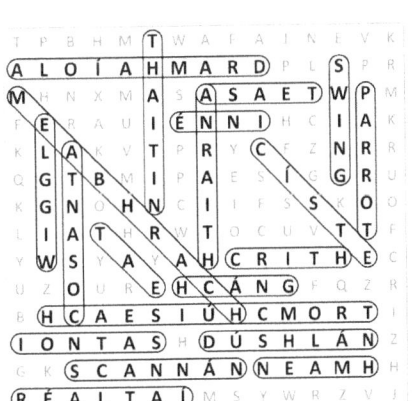

Puzzle 63

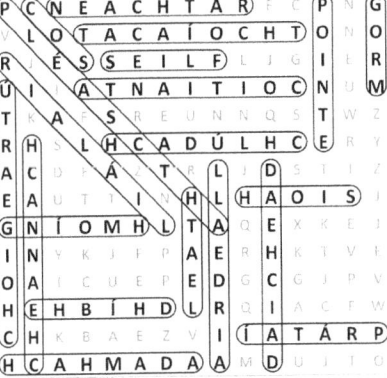

Puzzle 64

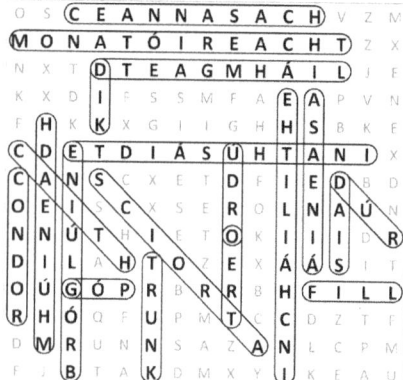

Puzzle 65

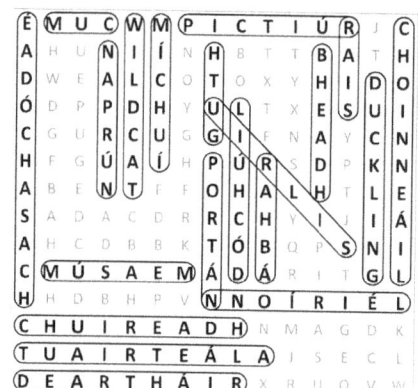

Puzzle 66

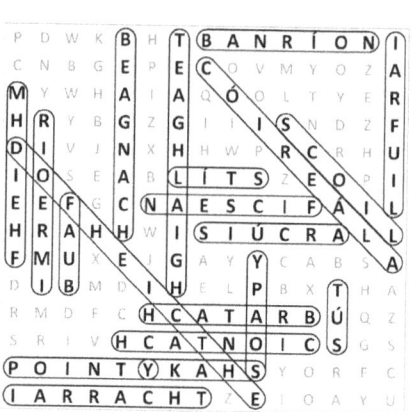

Puzzle 67

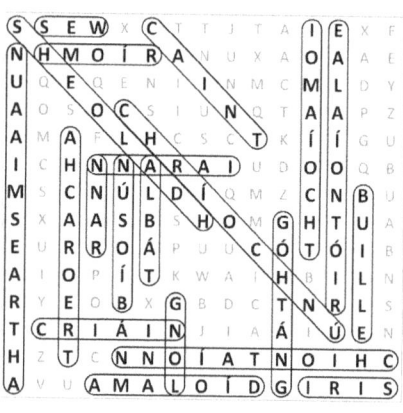

Puzzle 68

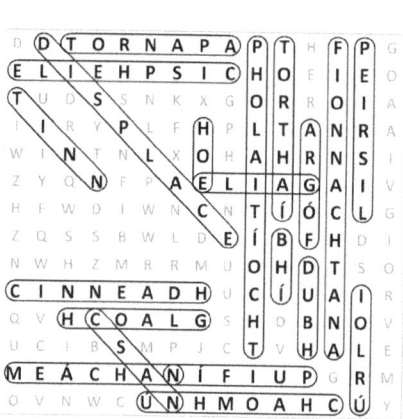

Puzzle 69

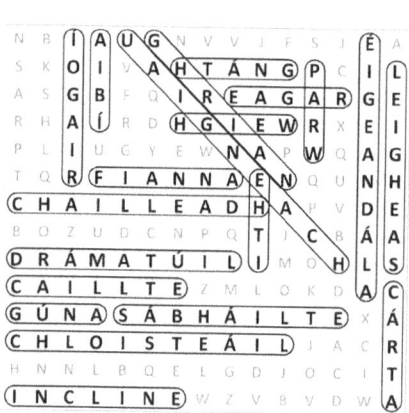

Puzzle 70

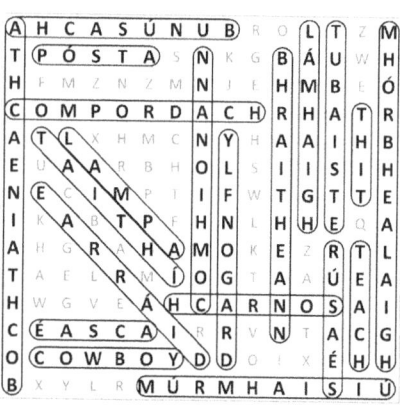

Puzzle 71

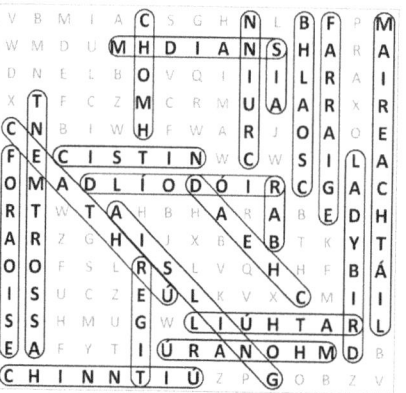

Puzzle 72

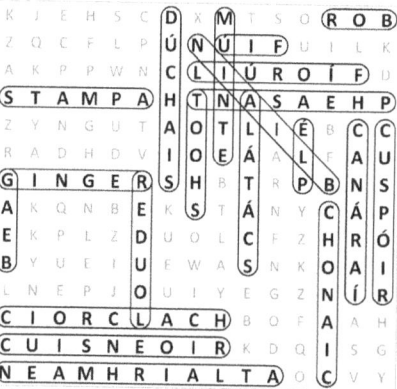

Puzzle 73

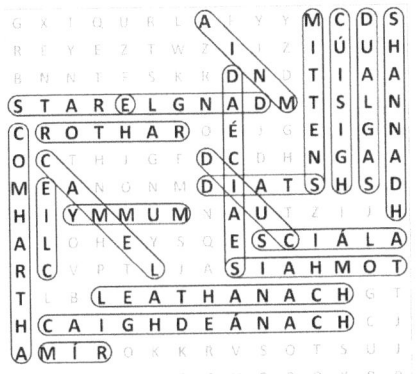

Puzzle 74

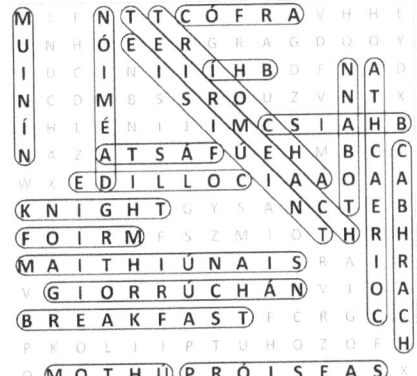

Puzzle 75

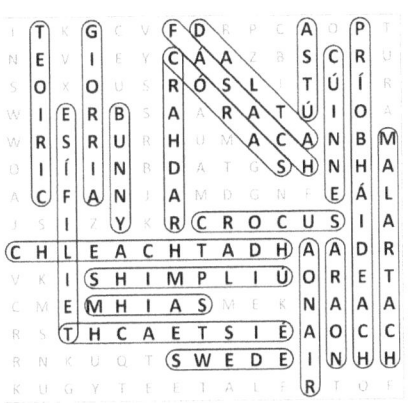

Puzzle 76

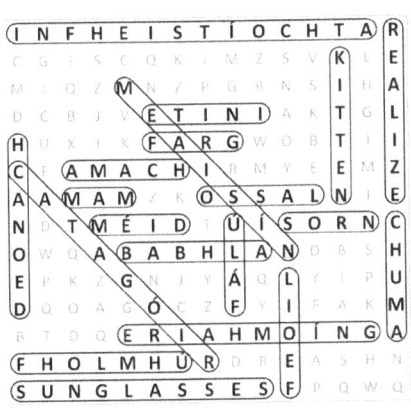

Puzzle 77

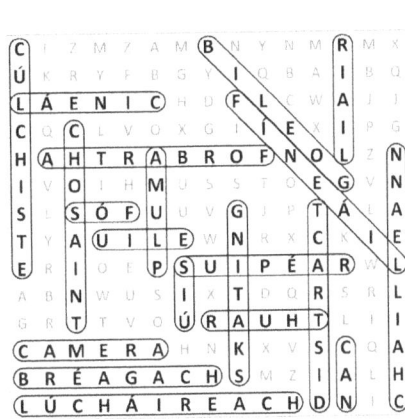

Puzzle 78

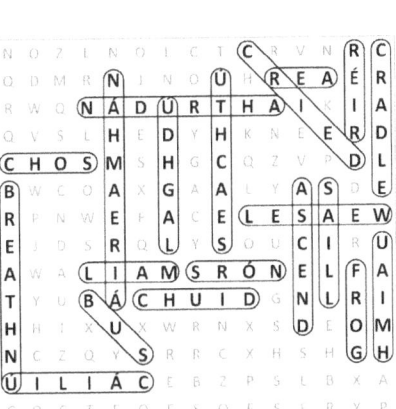

Puzzle 79

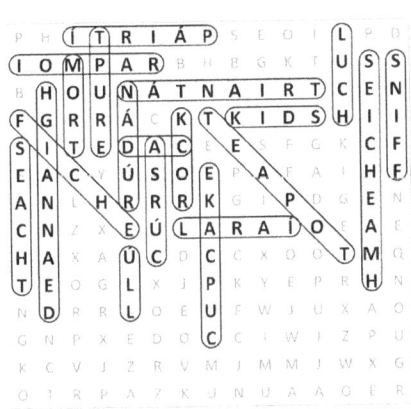

Puzzle 80

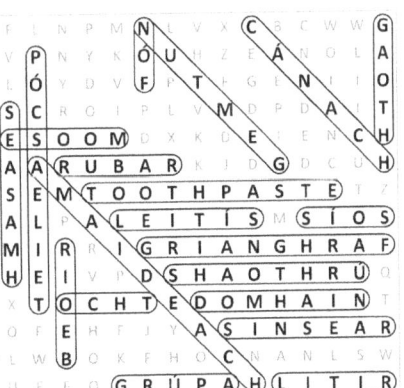

Puzzle 81

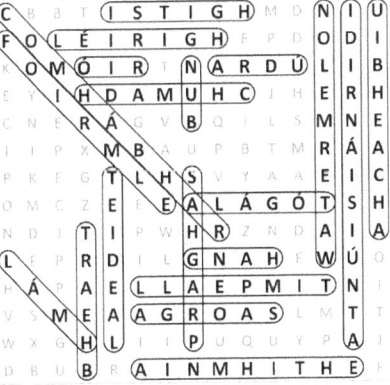

Puzzle 82

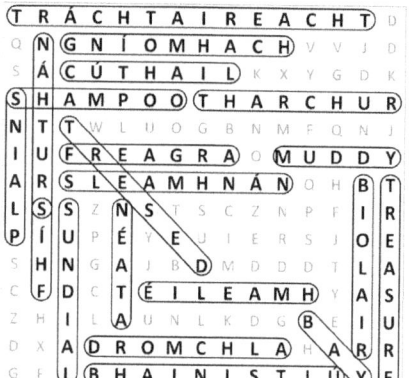

Puzzle 83

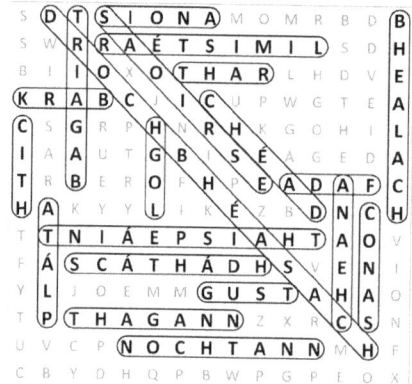

Puzzle 84

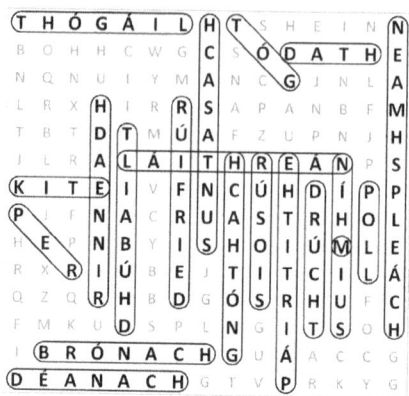

Puzzle 85

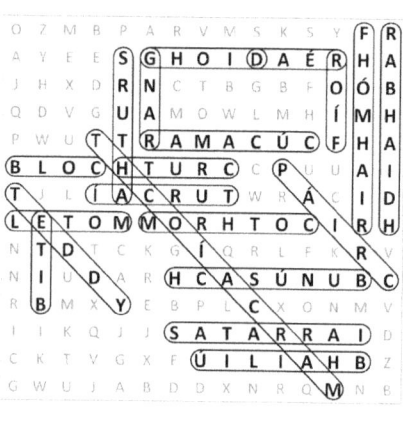

Puzzle 86

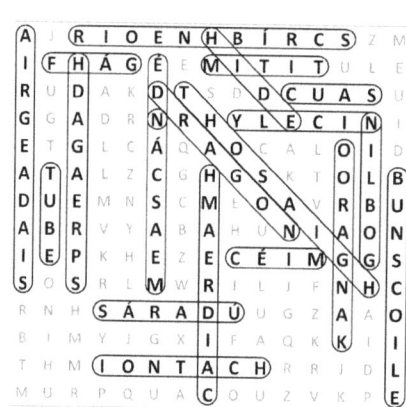

Puzzle 87

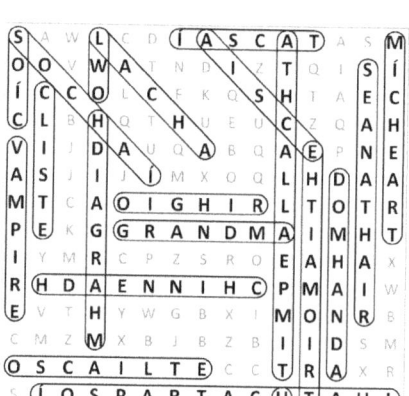

Puzzle 88

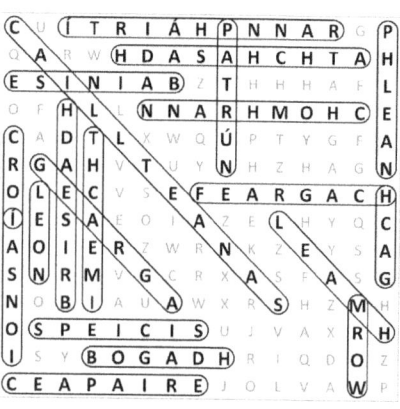

Puzzle 89

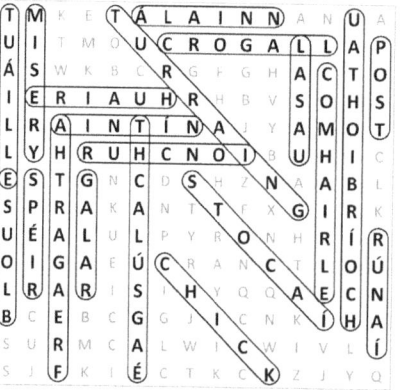

Puzzle 90

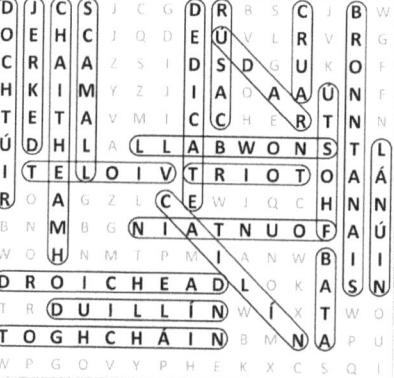

Puzzle 91

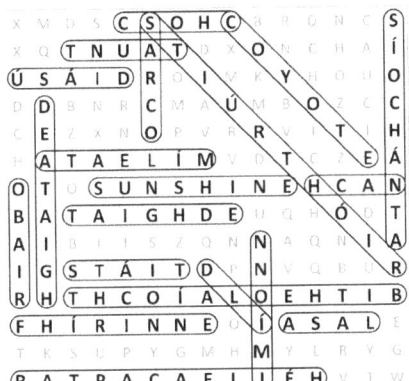

Puzzle 92

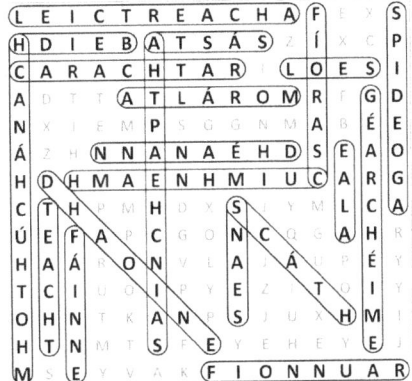

Puzzle 93

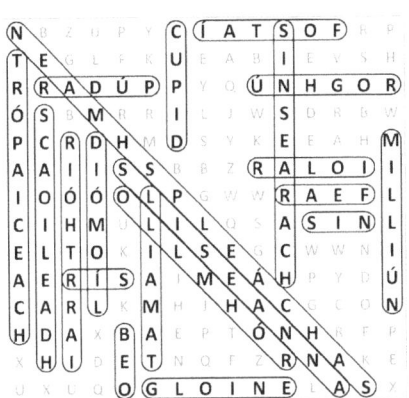

Puzzle 94

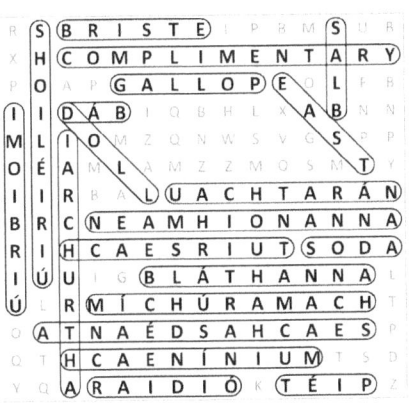

Puzzle 95

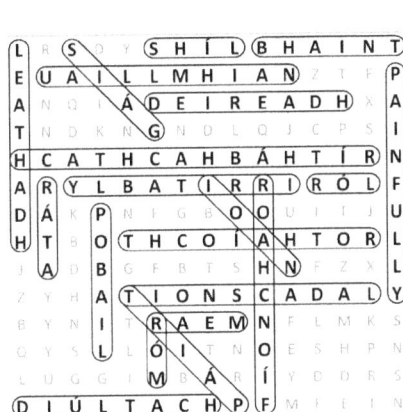

Puzzle 96

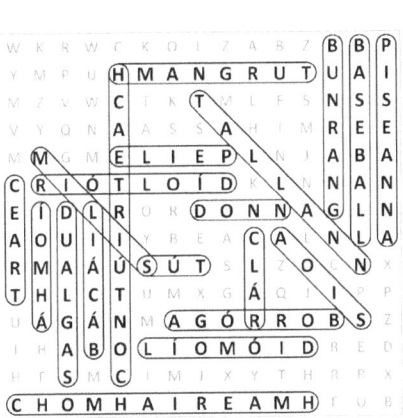

Puzzle 97

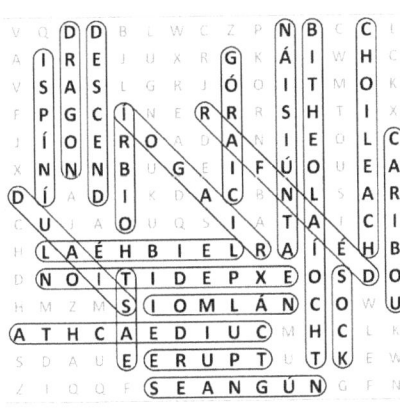

Puzzle 98

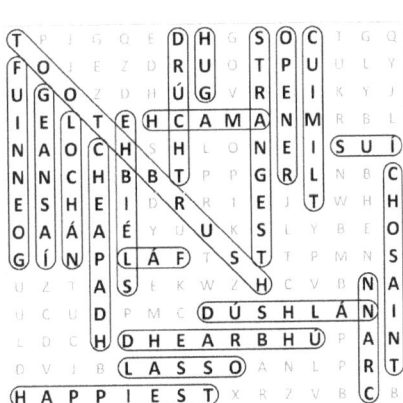

Puzzle 99

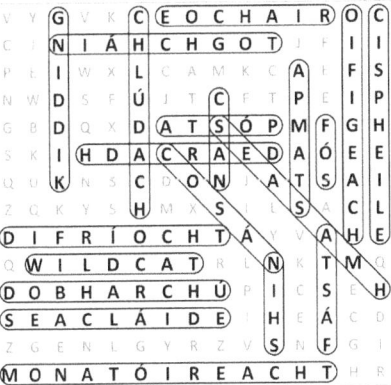

Puzzle 100

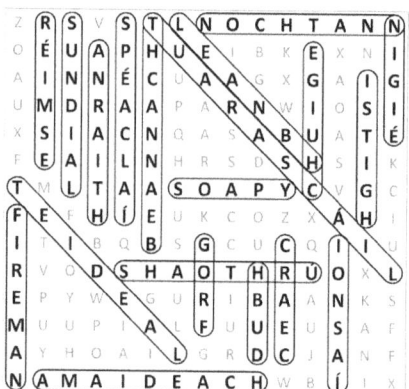

Congratulations

You made it!

We hope you enjoyed this book as much as we enjoyed making it. We do our best to make high quality games.

These puzzles are designed in a clever way to actively spark the brain and make it sharp and quick!
Did you love them?

A Simple Request

Our books exist thanks to the reviews you post on Amazon. Could you help us by leaving a review now?

Here is a short link which will take you to your Amazon orders review page.

BestBooksActivity.com/Review50

MONSTER CHALLENGE!

Challenge #1

Ready for Your Bonus Game? We use them all the time but they are not so easy to find. Here are **Synonyms**!

Note 5 words you discovered in each of the Puzzles noted below (#21, #36, #76) and try to find 2 synonyms for each word.

Note 5 Words from *Puzzle 21*

Words	Synonym 1	Synonym 2

Note 5 Words from *Puzzle 36*

Words	Synonym 1	Synonym 2

Note 5 Words from *Puzzle 76*

Words	Synonym 1	Synonym 2

Challenge #2

Now that you are warmed-up, note 5 words you discovered in each Puzzle noted below (#9, #17, #25) and try to find 2 antonyms for each word. How many lines can you do in 20 minutes?

Note 5 Words from **Puzzle 9**

Words	Antonym 1	Antonym 2

Note 5 Words from **Puzzle 17**

Words	Antonym 1	Antonym 2

Note 5 Words from **Puzzle 25**

Words	Antonym 1	Antonym 2

Challenge #3

Wonderful, this monster challenge is nothing to you!

Ready for the last one? Choose your 10 favorite words discovered in any of the Puzzles and note them below.

1.	6.
2.	7.
3.	8.
4.	9.
5.	10.

Now, using these words and within a maximum of six sentences, your challenge is to compose a text about a person, animal or place that you love!

Tip: You can use the last blank page of this book as a draft!

Your Writing:

Explore a Unique Store
Set Up **FOR YOU!**

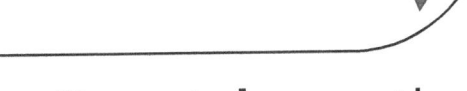

BestActivityBooks.com/**TheStore**

Designed for **Entertainment**!

Light Up Your Brain With Unique **Gift Ideas**.

Access **Surprising** And **Essential Supplies**!

CHECK OUT OUR MONTHLY SELECTION NOW!

- Expertly Crafted Products -

NOTEBOOK:

SEE YOU SOON!

Delta Classics Team

BESTACTIVITYBOOKS.COM/FREEGAMES